EMMANUEL BUCH

ALENAR

365 Invitaciones
a la Meditación

ni ediciones **noufront**

Ediciones Noufront
Sta. Joaquina de Vedruna, 7 bajos B
43800 VALLS
Tel. 977 606 584
Tarragona (España)
info@edicionesnoufront.com
www.edicionesnoufront.com

Diseño de cubierta e interior: Ediciones Noufront

Depósito Legal: B-19336-2009
ISBN: 978-84-92726-03-5

Impreso en: Publidisa

Para la *yaya* Montse y la *abuela* Isabel
No son perfectas, pero sí excepcionales

ÍNDICE

Prefacio..07
Prólogo a la primera edición........................11
A manera de prólogo..............................15
Introducción...17

LIBRO I (yo)

1. Persona...23
2. Sufrimiento..35
3. Muerte..47

LIBRO II (tú)

1. Amistad...57
2. Verdad..65
3. Shalom 73

LIBRO III (El)

1. Fé 85
2. Ministerio..99
3. Kyrios Christos 107

PREFACIO

Este libro que Emmanuel Buch pone en nuestras manos es un valioso tejido que él ha elaborado paulatinamente con hilos de diferentes tipos y múltiples colores. Hilos proverbiales, exhortatorios, aforísticos. Hilos filosóficos, bíblicos, psicológicos. Hilos epigramáticos, dialógicos, poéticos. En todo caso, hilos producidos con sabiduría.

La sabiduría que se cultiva en la hondura, el reposo, el silencio, la meditación. La sabiduría de quien ha comprendido el secreto de una vida auténtica. La sabiduría de quien busca ser fiel a Dios porque sabe que la profunda reverencia hacia El es el principio de la sabiduría.

Es una obra reflexiva, pero no de reflexión especulativa sino de reflexión para la vida. Se especializa en prudencia, en cordura.

Por un lado, desecha el fetichismo de las cosas. El espejismo de la falsa seguridad. La ilusión de la apariencia. La vida en función de los aplausos. La esperanza cristiana banalizada. El egoísmo aunque se disfrace de generosidad. La sacralización de las formas. La falta de transparencia. La pedagogía que recurre a la violencia para ahorrar tiempo y esfuerzo. El vivir para competir en lugar de compartir. El mecanicismo que bloquea el carisma. La doctrina y el concepto sin el soplo del Espíritu. La falsa familiaridad de los sentimientos. Las conquistas logradas por el esfuerzo religioso. La pose correcta para que Dios se haga presente. El ministerio pastoral que cede a la tentación funcional. El esfuerzo por contentar a todos. El "santo éxito", que no es otra cosa que autoafirmación. El servicio sin alegría.

Por otro lado, afirma la fraternidad discrepante y la discrepancia fraternal. La libertad naturalmente sobrenatural. La verdad personal, la primera, la más propia. El riesgo de ser uno mismo. El exilio interior. La vida como don para ser donada. La ternura, las caricias y el cultivo de las relaciones humanas. La humildad de quien sabe escuchar. El escepticismo adobado de buen humor. La no-violencia del Siervo Sufriente y de sus seguidores. La seguridad que se establece en Dios. La serenidad y la calma para edificar el carácter. Las pocas cosas para que puedan ser gustadas en profundidad. Las posesiones que se reciben de Dios, no para acumular sino para compartir. La mirada excéntrica, que es desde Dios. El sosiego, la sencillez y el anonimato. La búsqueda de Dios por encima de la búsqueda de experiencias de otros. El milagro de la presencia renovadora de Dios.

Cuando el autor me entregó el manuscrito me dijo que se trataba de "un libro muy personal". Eso es. Y por lo mismo, se trata de un libro de interés universal. ¿Hay algo más universal que lo personal? Por ejemplo, el sufrimiento, la enfermedad y la muerte. El interrogante sobre el sentido de la vida. La amistad y el amor. El buen humor. Y sobre todo, la necesidad de Dios.

En síntesis, es un libro de interés universal porque se ocupa de "las preguntas más hondas y las respuestas que fortalecen el alma".

Esta clase de libro no se escribe al apuro. Por supuesto, tampoco es para leerse apresuradamente. Es una invitación a entrar en un peregrinaje con la sabiduría tomados de la mano de un autor que, como el lector lo podrá constatar, ha cultivado y sigue cultivando el diálogo continuo con ella.

C. RENÉ PADILLA

PRÓLOGO
a la primera edición

Sentencias, definiciones, proverbios. Todo junto puedes encontrar en este libro. Aprovecha, amigo lector, sus páginas no sólo en sus sabias respuestas o sesudas reflexiones, sino que sentirás de vez en cuando un leve pinchazo en tu alma, suficiente para saber que la tienes y percibir de forma razonable, no tanto racional, el regalo de tu Creador.

Con demasiada frecuencia vivimos tal y como debemos ser o necesitamos aparentar, no dejando lugar a lo que queremos ser. La lectura de este libro te coloca frente a la vida como espejo; las preguntas van en serio y las respuestas no resultan de un juego dialéctico, elaborado para disimular, sino que te verás involucrado en la percepción sobrenatural de la realidad, sí, esa que irrumpe en la vida cuando amas, sufres, o ves morir. Lugar, como se dice en el texto, donde Dios se hace visible.

La vida llama, no sólo a las puertas del entendimiento sino del espíritu; nuestra respuesta de esperanza puede ser la que a manera de ungüento resulta de un futuro incierto, o aquella que determina una nueva disposición para vivir el presente. En ese momento, cuando la razón puede ser locura, ha brotado un estado perfecto de confianza que todo lo puede y que llamamos fe. Jesucristo ha dejado de ser entonces una figura a la que debes identificar o distinguir, porque es El quien se te ha dado a conocer.

El trabajo pastoral del autor resulta un aval casi perfecto para comprender que todo lo escrito resulta de vivir intensamente el amor de Dios cada día, que permite el milagro cada mañana, cada minuto, cada segundo, cada instante. Haciendo posible la relación con Dios porque El viene a ponerse delante de ti, te sonríe y te llama.

Se cuenta de aquel aprendiz de poeta, adolescente para más señas, que escribía desde su angustia y soledad:

Unos, científicos, dicen que es el azar
otros, filósofos, cuentan del destino o la casualidad
todos hacen del vivir
un simple transcurrir
esperando con temor, el momento final.
Ante la vida con tal desventaja
surge la búsqueda de la verdad
que nutriéndose de humildad
acompaña en temeroso viaje
a quien, con fe, trabaja.

Ante semejante declaración de voluntad, sería bueno acompañar una porción de este libro a manera de bálsamo para aquel aprendiz:

"*Alégrate del soplo divino en otros pero deja que El mismo escoja en qué modo te obsequia a ti. Sin prisas ni ansiedades; en plena disposición también.*"

Cuando acabes la lectura, quizá resulte necesario corregir la forma de estar por una nueva manera de ser en este tiempo, mejor acontecimiento, que tenemos el privilegio de vivir hoy.

Para que entonces la vida no sea aquello que nos pasa mientras creemos estar haciendo otra cosa más importante.

FERNANDO BANDRÉS

PRÓLOGO
a la segunda edición

"¡Detente y respira!" es el mensaje con que me ha impresionado este pequeño gran libro del pastor Emmanuel Buch. Por su brevedad y claridad es una invitación cordial a la lectura y una vez que nos embarcamos en ella nos anima, nos reta, nos sorprende, nos sobrecoge, nos sacude, nos confirma en la fe. Nuestro autor ha destilado la sabiduría que aquí se contiene en medio de los ajetreos de su vida ministerial y poniendo en el proceso un acopio sorprendente de información y reflexión pero con el genio de la brevedad y sencillez que no le restan elocuencia. Una línea, un párrafo, una breve oración pueden darle al lector materia para horas de reflexión.

Hice de algunas líneas de este libro compañeras de reflexión larga y aun de oración en días difíciles, en los cuales el cansancio y la depresión me afligieron por algunos meses. Fueron también días en los cuales repetía sin cesar algunas líneas de los Salmos bíblicos que coincidían con el espíritu y la sabiduría de las líneas de este libro. Creo que fue así porque aunque este libro de Emmanuel Buch no está plagado de citas bíblicas, tiene algunas puestas en lugares clave, donde cabe, pero el hálito que anima estas páginas es profundamente bíblico tanto en su realismo como en la nota de esperanza que lo alienta.

Este libro retrata bien a su autor quien es ante todo un pastor por vocación y menester bien llevado a cabo y un buen esposo y padre de familia. Su tarea docente y pastoral se nutre de un conocimiento serio y profundo de la teología contemporánea y de una sensibilidad ante las necesidades de las personas que le ha dado una percepción envidiable de la condición humana. La ventaja que tenemos sus lectores es que sin el aparato de una erudición con aspavientos comparte con nosotros lo aprendido en la práctica y en la reflexión honesta sobre ella. A veces los escritores somos tentados a impresionar a nuestros lectores con nuestra erudición o agudeza. Emmanuel Buch no ha cedido a esas tentaciones pero comparte lo que ha pensado en un acto de solidaridad literaria por el cual hay que agradecerle.

Me alegra y reconforta que este libro haya llegado a una segunda edición, y considero un honor y un privilegio que su autor me haya pedido estas líneas. Las escribo con la firme esperanza de que esta joya alcance a tener muchas ediciones más y que sea lo que puede ser: un breviario evangélico para el siglo veintiuno.

SAMUEL ESCOBAR
Valencia, primavera del 2009

INTRODUCCIÓN

Alenar es una palabra catalana cuyo significado real va más allá de la etimología y los diccionarios. Literalmente se debiera traducir al castellano como *exhalar*, en referencia a la función biológica de la respiración. Pero *alenar* guarda, además, una intención cálida y sensible, reconocida por los poetas desde antiguo, y que se identifica con el hálito existencial del alma humana, la vida personal en su perfil más entrañable y auténtico. Es en este sentido que *alenar* resume y anticipa el contenido del libro que tienes ahora en tus manos.

Los breves pensamientos que siguen pertenecen al hálito de mi propia existencia, brotaron de manera espontánea en medio del fragor de la vida diaria y del ministerio pastoral. Conservan el tono apresurado y provisional con que fueron garabateados en los bordes de un papel, según el pálpito del corazón pero impedidos en su desarrollo por demandas más urgentes. Tienen en buena medida el valor (discutible) de un diario privado. Porque son destellos de vida, las páginas de este libro pueden resultar a veces confusas, equívocas, contradictorias incluso. Pero de hecho, así es la vida. No presentan argumentos recios, ni sentencias lapidarias; más bien amagos de luz, breves y humildes chispas vitales.

Me he decidido a compartirlos ahora, con cierto grado de rubor y, probablemente, con cierta medida de vanidad porque estoy convencido que resultarán cercanos a muchos. ¿Para qué entonces escribir acerca de lo obvio? En primer lugar para no olvidarlo. Nos acecha la tentación permanente de entregarnos a lo inmediato y arrinconar allá en el fondo del corazón los pensamientos y los sentimientos más inquietantes, porque son los más genuinos y personales. Es preciso enfrentar esa tentación y vencerla, porque si olvidamos nuestra realidad más profunda, aunque sea torpe o incluso equivocada, acabamos por perdernos nosotros mismos, y quedamos reducidos a vulgares autómatas de repetición.

Escribo de lo que nos es común a todos, además, porque es eco de la vida, y lo vivo siempre nos provoca y nos estimula. También como cristianos. La mayoría de los libros devocionales que se nos presentan, desarrollan el mensaje bíblico a base de reflexiones ya elaboradas, listas para digerir. Todo en nuestros días parece diseñado para evitarnos el menor esfuerzo y se nos ofrece precocinado, a punto para consumir. Mi propósito es otro: en lugar de enseñar, sugerir; en lugar de facilitar, provocar; en lugar de guiar, animar. Las meditaciones que siguen no pretenden sentar cátedra sino más bien estimular la mente y el espíritu; todas ellas requieren del lector una re-elaboración; considerarlas con detenimiento será tanto como re-escribirlas. Están llamadas a cambiar de color y adquirir un matiz distinto en cada lector, e incluso diferente en el mismo lector tras cada repaso.

Porque son consideraciones arraigadas en la fe en Jesucristo y en el Evangelio del Reino, pueden ser usadas en la meditación personal, o servir de introducción en el estudio compartido de pequeños grupos, o incluso como sugerencias para el púlpito, ... pero necesitarán siempre de la participación del lector o del oyente, para cobrar vida y hacerse relevantes.

En realidad, para completar el círculo de su posible utilidad, deberían regresar a mí con la riqueza añadida por cada lector, como notas vivas a pie de página, para alimentar mi espíritu de nuevo. Esa es la virtud de la mutua edificación. Baste por ahora su presentación.

EMMANUEL BUCH CAMÍ

Libro I
YO

1. PERSONA

* El aprecio de una vida con propósito exige que te definas radicalmente en todos los sentidos. Y que seas consecuente. A todos los efectos. Siempre.

  Que lo importante sean las convicciones y no Convenciones ni convenciones/nalismos.

  Convicciones firmes: tu vida será más poderosa y también tu testimonio.

* *Si perezco, que perezca.* Sé radical -que no por fuerza escandaloso. Di adiós uno y otro día a todos los espejismos de la vida. Y paga el precio.

  Sin épicas.

* Acostumbrarte a todo; ... y morir.

  Hay causas por las que podemos morir, pero por las que resulta insoportablemente aburrido vivir.

  No hay existencia propiamente humana ni desarrollo sin crisis y cambio. Acobardarte ante lo nuevo desconocido, aferrarte a lo que es -simplemente porque es- limita y empobrece tu vida.

Sacúdete el espíritu de cobardía. El cambio es bueno porque libera la vida del sopor y la pone ante más vida.

* Eres responsable de lo que haces y de lo que consientes.

* Nadie te robe la inocencia ni la generosidad.

* Existe cierto anhelo perverso por lo excelente. Un anhelo imposible de satisfacer y que, sin embargo, te priva de hacer y disfrutar haciendo lo bueno. No puedes crear con perfección, pero puedes emprender su gestación de manera digna. Aunque sea provisional, manifiestamente mejorable.

* La salud mental y el aprendizaje vital exigen desdramatizar los errores y temer menos el cálculo fallido. Para superar la eterna parálisis perfeccionista.

* Los cobardes aceptan como excentricidad lo que rechazan como carácter.

* No pidas perdón por el ejercicio fecundo y honesto de tus dones. Recíbelos por gracia; ejércelos con satisfacción.
Mala es la vanidad pero no mejor resulta el lamento eterno y falsamente humilde del apocado.
Contra la falsa apología odiosamente dulce, melancólica y autocomplaciente de la mediocridad vital.

* El héroe nunca lo es ante sus propios ojos o su conciencia privada, si no ante los demás. Ellos otorgan esa condición.

Nada tan heroico como la honestidad con uno mismo y a toda costa. Aún a costa de sí.

* Señor,
solos
Tú y yo.
En pie.

* Cada día, transgredir al menos una norma artificial.
Por razones de higiene espiritual.
No reconozcas autoridad al tribunal de la estupidez.
Aunque sea una estupidez generalizada, masiva y vitoreada popularmente.

* Es importante educar a los hijos en la defensa y el cuidado de la vida, de su propia vida. Pero es mucho más importante enseñarles a ocupar en plenitud la vida, su propia vida. Deben saber, ver y reconocer que el máximo valor no es sobrevivir más tiempo sino consumir la vida en una combustión heroica por útil. Para otros.

* Nada más dañino que la debilidad de carácter. Te hace esclavo de tu admirador. Le debes su reconocimiento y el aplauso te acabará esclavizando a él.

* Nada necesitan más tus enemigos que tu independencia de criterio. Negarte a sus presiones es el modo más eficaz de amarles.

* Nunca participes en una iniciativa que no puedas comenzar en oración.

* La cobardía lleva en sí misma castigo; pero la valentía en Dios se fortalece en poder, amor y dominio propio. (2ª Tim.1,7)

* Serte fiel a ti mismo; no traicionarte jamás. Exigirte lo que es digno de ti. No conformarte nunca con menos. Un hombre nada es sino se es fiel a sí mismo y a sus convicciones. Desde luego, también cuando truena y graniza sobre su cabeza.

* Puede que algunos sean responsables de tus problemas pero sólo tú serás culpable de la falta de soluciones.

* Si vivimos a *pecho descubierto* y pretendemos además hacer oídos sordos a las maquinaciones enemigas, la sentencia fatal es sólo cuestión de tiempo. Seamos, pese a todo, suicidas. Suicidas de corazón limpio en toda buena conciencia. Seamos libres.

* Decididamente no seamos diplomáticos. Nada complacientes, nada especuladores, nunca instrumentalizados por nadie. Con un sólo corazón, un sólo rostro, una sola palabra.

* Aún trabajando con tu mejor voluntad, hallarás resistencia y oposición, rebeldía y protesta. Inevitable. No les convencerás; no te rindas, tampoco. Sigue adelante. Cumple tu visión.

Vive cada día dejando allá abajo el rumor de las críticas y el descrédito; vive el milagro de la simpatía por los enemigos. Y en medio de todo, mira más allá, más arriba; no desciendas nunca a la miseria.

* Sé amigo de todos.
Pero niégate
al servilismo.
Aún al de los aplausos.

* Paga el precio, a menudo excesivo, de tu independencia.
Modesta, nada estridente ni agresiva, pero decidida y lúcida.
Ofenderá a muchos tu independencia que confundirán con enemistad, sólo porque no te inclinas a sus pies.
El precio de la independencia: el ostracismo. ¿Disfrutaste tu independencia como ambrosía? Asume con dignidad ahora el aislamiento.

* Independencia.
Gózala.
Paga también el precio
sin protestar.

* Que nadie te ate: ni con sus aplausos, ni para evitar sus críticas.

* Aspira a lo irrepetible.
Niégate a convertir el instante fecundo en costumbre átona.

* No respondas a la vileza con armas iguales; que nadie te prive de tu propio caminar hacia la madurez.

* Acepta que tus criterios puedan resultar desconcertantes a los otros, pero no te permitas jamás que lleguen a ser claudicantes ni entreguistas.

* La libertad personal tiene un alto precio, pero la servidumbre también y ésta, además, apesta.

* Coraje para re-comenzar. Comenzar de nuevo una y otra vez, pero cada día con mayor precisión. Como quien enhebra una aguja y repite el mismo gesto tantas veces como sean necesarias hasta hacerlo bien.

* Unamuno clama ante tus ojos, te apela al otro lado de la mesa desde las páginas de su libro; pero un niño (Esteban) te reclama con su llanto. *Vita est.*

* Doctor en obviedades.

* Por cierto te examinarán siempre.
Tan cierto como que, hagas lo que hagas,
algunos jamás te aprobarán.
Busca el único aprobado
de Aquel que sí te lo dará.

* Seguir el camino abierto.
Ser fiel.

Esperar.
Su irrupción segura.

* Aceptar aplauso por el trabajo vulgar te aparta del camino
  de la excelencia y hará parecer buenos a quienes sólo son
  mediocres. El suyo es un aplauso interesado.

* Qué triste cuando sólo hay lugar para los halagos y no para
  la fraternidad discrepante, para la discrepancia fraterna.

* ¡Cuántas ideas bajas en calorías!

* Opta por un pietismo ilustrado.

* Presentar para confrontación los aspectos más débiles del
  criterio rival no favorece tu posición; al contrario, empobrece el debate y aún tu propia victoria.

* Todo lo que es relevante y significativo en la vida se
  puede/debe aprender; nada de todo ello, sin embargo,
  puede enseñarse.

* Aprendes, sólo si desenroscándote.
  La madurez parece ser el proceso por el cual nos despren-
  demos, des-aprendemos, de todos los conocimientos falsos
  y de los conocimientos verdaderos falsamente aprendidos.
  Hasta que regresamos a la primera condición de niños y
  recibimos las viejas verdades con corazón de niño.

* La presencia conmovedora de la madre en el chasquido del hilo que se parte entre dos dedos.

Lo auténtico queda en el corazón. Aferrarse a cosas y recuerdos no hace sino falsificar la imagen amada. La pervierte y encadena el corazón. Hay que librarse del fetichismo en las cosas. No significan nada. Debe bastar la huella en el corazón.

La tierra de origen sólo genera recuerdos y éstos no bastan para vivir. El hogar termina siendo siempre el entorno afectivo de hoy. No cabe reclamar un lugar propio en el pasado.

Contra la pérfida e inmovilizadora tiranía de la mística de los recuerdos.

* El temido sueño vuelve de nuevo a tu mente. Como Zapata tras su regia mesa de despacho, viéndose a sí mismo en la pobreza y los ojos del campesino que le escupe verdades pronunciadas por él mismo años antes desde aquel otro lado de la mesa, ... que ahora ha conquistado a costa de abandonar su lugar y su verdad primera. Su verdad más propia, la única verdad que le perteneció y que en nombre del realismo y la prudencia perdió, sin saber cuándo ni dónde exactamente.

Te miras en el espejo y descubres un *profesional*. Con todas las virtudes y sinceridades del buen profesional. Pero sólo un *profesional* y ya no un profeta.

Profesional. Has cedido a la tentación del pequeño confort del orden, lo previsible y la ausencia de sobresaltos. El pequeñito burgués se ha instalado en tu corazón con las sutiles armas de grandes palabras y más nobles propósitos. Demasiado cómodo para salir al desierto, demasiados tesoros que conservar, demasiados bienes que perder, demasiado temor. Demasiado grueso; has engordado en exceso y ya no puedes asumir riesgos para vivir peligrosamente.

Con todo, la vida sigue estando en el desierto, caminando siempre con paso vacilante sobre la arena hirviendo. La vida es vida si expuesta, vida peligrosa vivida peligrosamente. Con la sola mano de Dios como único asidero.

Arriesga. También Zapata dió un golpe en la mesa, pasó al otro lado para ponerse de nuevo la pistola al cinto, buscar su caballo y regresar al desierto. Así recobramos la lucidez, vemos la mentira en que vivimos y regresamos a nuestra verdad primera, nuestra verdad más propia. Lucidez. Para recuperar tu libertad, tu antiguo equipaje ligero y breve, tu aceptación del riesgo.

Zoran Music, pintor rumano superviviente de Dachau, confiesa que corriendo en pos de otras verdades artísticas y procurando hacerlas suyas *"... comencé a desviarme de mi camino. ... perdí totalmente mi verdad personal. Es lo peor que le puede pasar a un artista, ya que sin ella dejará de existir"*. Perder su verdad personal es lo peor que le puede pasar a un hombre, a cualquier hombre.

Perder tu verdad personal, la pequeña y frágil verdad que alentó tus días más auténticos; eso la muerte.

Siempre llega a lomos del espejismo mediocre de la seguridad. Esa seguridad que adormece la vida, las obras y la fe.

Arriesga. Arriésgate cada día sólo sostenido, como Abraham, por la extravagante seguridad de la fe en Aquel que es "... *poderoso para hacer todo lo que había prometido*" (Rom.4,21).

Arriésgate. Mira adelante, haz de la provisionalidad virtud y hogar. Sobre todo, imita a aquellos valientes de la antigüedad que no volvieron nunca la vista atrás añorando falsas patrias seguras "... *pues si hubiesen estado pensando en aquella de donde salieron, ciertamente tenían tiempo de volver. Pero anhelaban una mejor, ...*" (Heb.11,15-16).

En definitiva, lo que no es revolución es apariencia; no es nada.

* Vive ante El. A la intemperie.

 Todavía en pos de ese que aún no eres tú; de quien sí eres pero apenas conoces. Del encarcelado apenas entrevisto. Bajo el peso del viejo autómata que camina entre aplausos y reproches ajenos, pero sin pálpitos propios.

* Te has asomado a la caverna, metiste la cabeza en la boca del abismo (has recibido el hálito nauseabundo de su fondo), has visto abajo la cuna de todos los reptiles, ...

 Ya sabes que todo eso está ahí ante ti, amenazante.

 Pero no te ha hecho más fuerte ni más feliz.

 Una vez visto, mejor seguir de espaldas a su inevitable pero repulsiva realidad. Y seguir tu camino.

* Las blancas y voluptuosas páginas de un libro se ofrecen como refugio. En medio de la opacidad oscura son la abertura del orificio imprescindible para huir de la miseria, la pobreza necesaria, *diuen*, y la muerte de cada día. Para habitar universos

más nobles y reconfortantes. Los viejos, fieles y sabios amigos de siempre. Inalterables y gozosamente predecibles como la llegada de las olas del mar a la orilla.

* Cuántas veces vivimos al dictado, según lo que esperan de nosotros; según lo que cada uno espera de nosotros. Y creemos erróneamente estar contentos sólo porque contentamos a otros. Vivir así es vivir por encargo.

Crecer es aprender, ser enseñados a vivir en plena honestidad ante nosotros mismos. Descubrir cada día con mayor intensidad el riesgo de ser uno mismo. Y hacerlo ante Dios para que la introspección no desemboque en la niebla. Abracemos el silencio sonoro y fecundo del exilio interior (exilio afable y no amargado). Por di-senso. Para re-crear.

* Cuando bajo los pies apenas queda un ladrillo firme, mientras alrededor todo el suelo se derrumba; cuando toda seguridad y apoyos se desvanecen; ... entonces se revela la recia presencia de Cristo: ofreciendo el palmo de tierra más firme y suficiente en el que puede cimentarse una vida.

2. SUFRIMIENTO

* Nada tan ecuménico como el dolor. Se da en toda edad, condición y circunstancia. De modo que asombran menos las tinieblas que traen el dolor sobre los días, que cada amanecer que se nos obsequia sin ellas. No lamentemos la oscuridad, festejemos la mañana.

* *No juzgues a los hombres por su ideología; júzgales por su dolor.*
  El sufrimiento hiere nuestro cuerpo pero ofende más aún nuestra vanidad, nuestro anhelo de suficiencia.

* El sufrimiento del mundo, resumido en los ojos de aquellos bufones que pintó Velázquez.

* Ismael (5 años) disculpa el miedo de su hermano mayor (8 años) a las tormentas *"porque es mayor"*, dice. De hecho, Ismael lamenta ser pequeño porque en tal condición no puede saber que cosa sea el miedo. ¡Cuánta razón tiene! el miedo es cosa de mayores, de adultos ya crecidos.

* Los tiempos de bonanza son provisionales. Es preciso dignificar la vida complicándola con retos nuevos cada día. Complicaciones y problemas de altura, desde luego.

* *La vida es un dolor (V. Aleixandre)*
Escuchemos a los poetas; poseen la lucidez propia del corazón sensible. No les falta razón: la vida es una sucesión de dolor. Asombra que no suframos aún más, porque las posibilidades son infinitas.
Sin embargo, la omnipresencia del dolor puede ser inventariada sin desolación cuando se percibe bajo la sabiduría divina: sé agradecido a Dios por el bien que gozas, sé agradecido por los males que no sufres, sé en Dios para que tu dolor (debilidad) sea absorbido en Su poder.

* No, Dios no hace caer el mal sobre ti. En realidad, Él lo contiene mil veces a diario sobre tu cabeza.

* El sufrimiento, cuando es soportado con dignidad, nos educa en la posibilidad real de la presencia de Dios y Su acción en/pese al dolor. Sufrir se convierte entonces en una lección para los demás que estimula y guía a la madurez ante tantos testigos inspiradores. Aunque ciertamente es una lección costosa para quien la imparte.

* Cuando ves a tu hijo enfermo, llorando por la fiebre o el dolor, no puedes hacer otra cosa que compartir ese dolor abrazándole y permaneciendo todo el tiempo junto a él; ofrecerle tu presencia, que sabes cuánto le conforta.

Cuando Dios escoge no sanar a un hijo Suyo, o no librarle de una prueba, es posible sentir Su *débil presencia* junto al quebrantado, forteciendo ciertamente su ánimo.

* Es asombroso en cuántas sutiles maneras puede expresarse el egoísmo. Duele sufrir por el otro pero duele más aún sufrir en vano. Ya que hemos entrado en el *callejón del llanto*, que sea el final; para que no volvamos a transitar en el futuro por la misma tristeza. Es bochornoso pretender deshacerse así del rostro cercano y amado, cuando doliente.

* Se sufre y se muere inevitablemente en soledad. Es bien cierto que los últimos metros se recorren a solas. Inevitablemente. Existe una dimensión del sufrimiento que no se puede compartir. Los demás no son ayuda sino más bien al contrario: no dejan sufrir en libertad, exigen a su vez consuelo.

* Es preciso vencer la tentación de negarse a ver enfermo y disminuido al ser amado. De otro modo, no dejamos lugar al desprendimiento sino a cierta clase sofisticada de egoísmo, a un mezquino afecto consumista.

* *Sufro, luego existo (Miguel de Unamuno)*
Lucidez del dolor. Sólo el sufrimiento nos hace personas plenamente. Cuando es fruto de la contemplación del dolor en el rostro del amado, y ello nos forma ¿no estamos, una vez más, ante un modo sutil de egoísmo? ¿No se trata de un proceso egoísta de fagocitación contemplativa?

* *Baste a cada día su propio mal (Mt.6,34)*
  Anticipar el dolor es absurdo, añade mal innecesario y, en cualquier caso, no evita el dolor futuro. Cuando éste llega, duele igual.
  No se deben violar las estancias del dolor en tanto no deban traspasarse realmente. Querer simular el dolor resulta terrible porque se hace presente sin la gracia que Dios otorga cuando tal dolor es real.

* ¡Qué misteriosamente fecundo es el dolor!

* Nunca pretendas que tu sufrimiento personal detenga el mundo. No es posible. No es conveniente. Tampoco para tí mismo. Es una bendición que la vida tire de tí hacia adelante, pese a todo. Acepta su favor.
  David (2ºSam.12,20), que se angustió hasta lo sumo durante la enfermedad de su pequeño hijo, tras su muerte cesó en el llanto, comió y reanudó su tarea. No es frío ni cruel. Es la evidencia de que la vida sigue y felizmente se (nos) impone.

* Has visto a una gran mujer sufriendo. Nunca le oíste una queja por su estado. Sólo estupor en sus ojos. Por contra, hay quien sufre menos pero lo hace patológicamente. En tales casos, la persona insiste en sumergir a quienes le rodean en su mismo pozo y hacerles sentir culpables de no se sabe muy bien qué.

* Un universo doliente y unas expectativas de dolor personal invitan serenamente a rescatar pequeñas parcelas de dicha en medio de lo cotidiano.

* Tienes razón: tu vida sufre de lagunas sangrantes; irreparables, además. Pero también te ofrece posesiones sublimes y delicadas. No te amargues ni oscurezcas los espacios de luz que te pertenecen. Recréate en ellos y suaviza con buen humor todo lo demás.

* Aceptar la voluntad de Dios no es lo más duro. Más difícil es aceptarla sin resentimiento hacia El, cuando los acontecimientos se vuelven terribles.
Sólo es posible cuando en lugar de ver a Dios moviendo fríamente los hilos de la Historia, puedes verLE llorar, débil, junto a ti, partícipe de tu mismo dolor.

* Preguntarse por la ira de Dios es otro modo de preguntarse por el sufrimiento del hombre.

* Hoy conocerá la primera ausencia; hoy sufrirá su primer dolor. Está creciendo.

* Ocupémonos de las víctimas ¿Quién lo hará, si no?

* No confundir la noble piedad por el sufrimiento ajeno, con la mera hipocondria. Ni confundir la solidaridad ofrecida, pero nunca pedida, con la moneda con que comprar más tarde el imposible suspense del mundo ante nuestro propio dolor.

* La extraña y serena madurez de la mirada de quienes sufren.

* Quienes han sufrido demasiado poco o han reparado en él de manera insuficiente, todavía no pueden alcanzar el fondo genuino de lo humano; ni en los demás ni en ellos mismos.

* El legalista que se aferra a la invocación de la letra no conoce la misericordia. Le falta sufrir o *simpatizar* con el sufrimiento de otro para madurar como persona.
El legalista no ha interiorizado lo que es más propio de la *teología de la cruz*. Le ocurre como a ciertos virtuosos: hacen música pero carecen de alma de músico.

* No es sufrir lo peor, si no sufrir sin sentido. Sólo el sentido transforma el dolor de un mero accidente en un martirio noble.

* Cuánta superficialidad todavía. Cuánta verde inmadurez. Cuánta necesidad de sufrir para despertar.

* No extiendas el sufrimiento fuera de ti. Ni aún sobre el causante: añade dolor en él y multiplica el tuyo.

* Encaja el sufrimiento.

* Tristes de aquellos a quienes el bien ajeno escandaliza a causa del dolor propio.

* ¡Cuánto dolor!
¡Cuánta claridad!

* Asómate al dolor universal pero sólo de la mano de Su gracia para no desfallecer.

* No ofendas el dolor ajeno con la frivolidad ignorante del *alegre cristiano*. Respeta el sufrimiento y ofrece la compañía de quien simpatiza hasta el desgarro propio, en silencio. Que tu mayor triunfo sea consolar sin violentar el sufrimiento del doliente.

* ¿Puedes esperar que Dios escuche tu ruego para librarte a ti y lo(s) tuyo(s) del dolor que padece a diario el resto de la humanidad? La única súplica sensata es rogarle que Sus manos trabajen con tu sufrimiento para edificación.

* El dolor parece inundarlo todo cuando irrumpe en tu vida. Clama el alma a Dios por consuelo pero Él parece ausente. Sin embargo está presente y actúa. Poco a poco (el proceso es inevitable y en su primer tramo, amargo) el dolor sofocante deja paso a una serenidad creciente. Y se afirma por fin la obra consoladora de Dios.

* Pasado un tiempo de cierto reposo interior Dios estima conveniente dar una nueva vuelta de tuerca, girar los goznes de la prueba sobre tu corazón, ir un poco más allá de la condición ya alcanzada.
Bienvenido sea el aguijón que Dios decide no arrancar. Ha decidido que a través de ese daño puedas experimentar a diario la verdad de Su poder abundando en tu debilidad. Tanto dolor por tanto tiempo: ¿No es esta precisamente

la prueba de que Su gracia es eficaz? En lugar de quejarte con amargura y auto-compasión celebra Su gracia que te ha sostenido con gozo pese a todo, hasta aquí.

* *Sin levantar la cabeza, sin bajarla tampoco (Gabriel Celaya)*
La prueba no termina de pasar, la tormenta aún no ha sido vencida. Pero ola a ola, seguimos adelante porque El nos sostiene. Hasta que amanezca. Lo hará.

* Cuánto beneficio en el testimonio del profeta Elías y el trato restaurador de Dios (1ªR.19), en el poder de aquella serpiente de bronce levantada en medio del campamento herido (Jn.3,14-15), en las declaraciones esperanzadas y serenas del Salmo 62.

* Con Tu gracia
(sólo por Tu gracia)
comenzaré hoy con esperanza
un nuevo día.

Con Tu gracia
(sólo por Tu gracia)
ejerceré hoy con ilusión
mi ministerio.

Con Tu gracia
(sólo por Tu gracia)
atenderé hoy con amor
a mis enemigos.

Con Tu gracia
(sólo por Tu gracia)
superaré hoy con paciencia
mis pruebas.

Con Tu gracia;
sólo por Tu gracia;
y sólo por hoy.

Mañana traerá su propio afán
y Tu, derramarás como maná
la gracia oportuna y necesaria
para ese afán. Pero será mañana.

* *Toda sciencia trascendiendo*
(San Juan de la Cruz)
Queda un espacio más allá de la realidad del sufrimiento:
diluirlo en la sentida realidad mayor del cierto y perfecto
amor de Dios. No es una respuesta al dolor pero trasciende
toda respuesta.

* Buscamos el consuelo de Dios donde no existe; pretendemos que Su presencia anule las emociones para que aún
frente al dolor este no duela. Eso no es posible; ciertas co-
pas debemos apurarlas hasta la última gota.
Pero el consuelo de Dios se afirma ahí precisamente; cuando
parece que todo el futuro se adivina por siempre trágico y
fatal. Dios va abriéndose paso entre las nubes oscuras hasta
que de nuevo afirma la vida, la esperanza; y la angustia

desesperada cede a la afirmación de vida abundante e intensa que trae la presencia de Dios.

* Tiempo de crisis: tiempo de pedagogía.

* *A Fernando Bandrés*
Dios tiene un propósito, pretende algo bueno para tí al permitir la crisis. A menudo parece actuar del mismo modo: deja aterrizar la prueba en tu vida para que se haga evidente cuánto (todo) dependes de El; en ese proceso de oscuridad es difícil sentir Su presencia, parece estar ausente. Pero está moviéndose en tus entrañas haciendo más honda y firme tu experiencia de El. Un día vuelves la mirada atrás y todo se hace comprensible; pero tú además, ya no eres el mismo. En el proceso/desierto Dios ha renovado tu caracter y tu experiencia de El.

* Sacúdeme cuánto sea necesario.
Sólo cuida de no destruirme, porque soy muy débil.

* ¿Sufres? Dios ha considerado este momento oportuno para comenzar a tratar contigo de un modo más profundo, intenso y eficaz. No lo evites, aprovéchalo.

* Cuánto dolor, cuán a menudo. Siempre tendremos dolientes entre nosotros. Tú mismo, sin ir más lejos.
Aumenta así la relevancia del débil Jesús crucificado, frente al poderoso Jesús, sanador y hacedor de milagros (mal que le pese a Machado). He aquí un elemento sobrecogedor y

admirable: el poder de Jesús irrumpe mil veces en este mundo llagado, pero Su con-sentir junto al afligido es Su modo más alto de vencer al mal. Así triunfa: padeciendo contigo, mientras te susurra al oído palabras de esperanza eterna.

Cuando Dios no sana el dolor, obra un milagro mayor y con-siente con el doliente.

* El sufrimiento del cristiano y su angustia están cargados de esperanza: no miran la pasado y lo perdido, sino al futuro y su herencia. Es el dolor propio del alumbramiento.

Como la mujer que sufre el parto mira con lágrimas de dicha a su hijo recién nacido junto a ella (Jn.16,21).

3. MUERTE

* La muerte: he aquí el verdadero escándalo del cosmos.
Atruenan los oídos las risas de silencio opaco que proceden de aquellos niños que nunca nacieron, hijos de todos los jóvenes muertos por la guerra y la violencia, antes de disfrutar la paternidad. ¿Dónde se esconden los millones de niños que jamás nacieron?
El horror de la muerte ilustra la gravedad y el horror del pecado.

* No horroriza la muerte si no el muerto. Inmóvil. Cercano pero despojado de vida. Está en el Cielo. *No puede hacer nada* (Esteban, 5 años).
Muchos se admiran con la explosión festiva de las Fallas mediterráneas. El corazón se conmueve más bien ante los restos de ceniza a que todo queda reducido y que el viento esparce en la fría madrugada del día después.

* Vivimos en diálogo diario con la muerte. La pregunta por la muerte da sentido a la vida.

* Es precisa una cierta consciencia del dolor posible y de la muerte segura, que alumbre nuestras prioridades, acciones, actitudes y descartes. Hay que graduar la intensidad de esa luz oscura que, sin embargo, alumbra lúcidamente nuestro caminar.

* ¿Quién dijo que esperar la muerte y pelear con la enfermedad meditando entre suspiros es más sabio? ¿Quién dice que esperar el fin y la impotencia negando los efectos implacables del tiempo sólo es escapismo?
Reivindicación de un pensar que no cancela la risa y el aprecio de la vida festiva, por más que limitada.

* Disfrutamos de lo bueno del día y creamos con ello un sencillo sueño cotidiano de armonía y regularidad ... hasta que se rompe el adormecimiento y somos despertados con sobresalto del sueño: la posibilidad de la muerte o aún la debilidad física llama a la puerta.
Mientras tanto, representamos todos un espejismo que sabemos terriblemente frágil e inestable. De repente, uno de los actores se despide del escenario. La verdad del mal le reclama y le lleva fuera. Entonces los demás callan desconcertados. De hecho, uno tras otro, todos los protagonistas sin excepción hacen igualmente *mutis* y abandonan la escena.
¿Acaso cabe negarse a representar el papel asignado? Debemos por el contrario repetirnos a cada instante la letanía de aquellos monjes: *Recuerda hermano que has de morir*? Sería una tortura insoportable, nos privaría de

la belleza de los mejores instantes que posee la vida y resultaría, además, un esfuerzo vano, la llamada a salir de escena siempre será, pese a todo intento de representación, sorpresiva y desgarradora.

Es más sensato reconocer la fragilidad de las cosas pero edificar seguidamente sobre ella la dulce monotonía de la vida. Hasta que debamos despertar. Así, disfrutamos de nuestros días pero los administramos con sensatez; volcados en lo más valioso del día a día, pero conscientes de que en cualquier momento deberemos abandonar la tarea.

* La vida es frágil; redímela volcándola vocacionalmente.

* Un hombre de tu misma edad, nacido en el mismo mes, en este preciso instante sufre tortura y va a morir. Su muerte te hace más responsable de tu vida.

* Ante la imagen del enfermo y el incapacitado y la propia, saliendo victorioso del hospital o el tanatorio, es preciso aprender a usar el tiempo como aquellos que atrás quedan no lo pueden hacer. En un homenaje necesario.

* *Emmanuel Mounier, de bruces sobre el escritorio.*
Que la muerte nos sorprenda despiertos
con mucho trabajo aún por hacer.
Proyectos inacabados,
empresas apenas iniciadas,
ilusiones en el porvenir.

Que el final de nuestras pisadas
interrumpa muchas tareas,
que deje incompletos sueños,
esfuerzos, cambios nacientes,
estelas comenzadas.

Nada peor que el conformismo.
Todo antes que no saber qué hacer.
Cada día una herramienta,
nunca un rato enojoso
que no sabemos cómo matar.

La vida como instrumento dinámico,
una apuesta de renovación.
Milagro cotidiano, recibido
y apreciado como único que es,
e invertido como un bien.

No acostumbrarse nunca a amanecer vivo
Sentir como un acontecimiento
milagroso caminar, compartir,
amar, llorar, gozar,
reir, ser feliz.

Contra la monotonía egoísta
y la resignada complacencia,
la vida como don que lo Alto envía
para ser sin medida donada
y en esa medida, hallada.

* *A Esteban*

Temer la muerte cuando restan por saldar antiguas deudas de afecto, y por librar a corazones nobles de las condenas que en ellos sembraste injustamente.

* Si murieras ahora tu vida no habría sido baldía; haber sido depositario del amor de ella ha cubierto de dignidad y valor tu existencia.

* Cuando llegan los hijos te descubres viviendo y/para dejar pistas en las que puedan re-conocerte, en un futuro que será suyo y del que tú estarás físicamente ausente.
Por eso resulta tan desoladora la muerte prematura del hijo, anticipándose al padre que se ve así privado de su posteridad.

* Qué insoportablemente despacio transcurre la espera del acceso a la Eternidad, de la que tantos a quienes has amado participan ya. Qué monótona se hace la espera en este árido entreacto que es la vida. Qué pesada resulta en cada uno de sus capítulos diarios.
Relativizar la tenebrosidad de la muerte contemplándola, *sub specie eternitatis*.

* Permanecemos distantes ante el que morirá como defensa propia y así le condenamos a vivir ya como un difunto; le reprochamos con nuestra distancia su muerte cercana y le impedimos que pueda vivir un instante sin recordarla.
Quien ama es capaz pese a todo de mirar a los ojos al

sentenciado y recorrer junto a él todo el camino. Así cobran vida los dos y conocen el estremecedor beneficio del amor.

* Hundirte en el calor del cuerpo amado cuando el soplo de la muerte cerca al prójimo, es pretender la derrota de la muerte con una explosión primaria de vida. Negación voluntari(st)a de la muerte.

* Esta es la herida terrible de la muerte: "*No quiero que te mueras porque entonces no te puedo querer*" (Ismael, 5 años) Ante la muerte Tú, Dios, eres más real que la vida misma.

* *Optimismo trágico (Emmanuel Mounier)*
Recuperar la dimensión trágica de la existencia para que el optimismo no sea mera estupidez ignorante, para no banalizar la esperanza cristiana, alzada en medio de la seriedad de la vida.
Descansar gozosamente en la respuesta de la resurrección tan sólo después de preguntarse desgarradamente por la muerte.

* Decimos pensar en la muerte cuando en realidad sólo estamos pensando en sus aspectos más periféricos. La pornografía de la muerte, aún no es *meditatio mortis*. Paralizarnos ante el cuerpo roto de un niño, los ojos abiertos y ciegos de una joven, imaginar la agonía última de un herido, ... nos aparta de la enseñanza que para la vida tiene la muerte.

Detenernos en la superficie nos condena a la angustia y el horror desesperanzado. Las fatídicas carambolas, la última página a medio escribir, las preguntas del hijo pequeño, ... son asuntos reales pero menores. Fijar en ellas la atención oscurece las preguntas más hondas y las respuestas que fortalecen el alma.

Desecha el panfleto, atiende el tratado. Sólo cuando das un paso más adelante te encuentras con el fondo de la muerte misma, y es allí donde la esperanza cristiana comienza a brillar y la vida terrena gana en sabiduría.

Libro 2
TÚ

1. AMISTAD

* *Fidel per sempre més als meus amics.*
  Ya que no puedes elegir tus enemigos, disfruta escogiendo al menos tus amigos.

* ¡Claro que hay desconfianza y reservas!. Casi siempre que el corazón se ha abierto, dispuesto no sólo a dar sino también a recibir, ha sido cruelmente burlado.
  Madurez: conocer la condición humana y pese a todo ofrecer siempre una nueva oportunidad.

* Para no desesperar nunca de nadie, la herida abierta del desamor por la que cada día te desangras, Dios la cauteriza por Su amor y Su presencia cercana.

* No permitas que su actitud condicione la tuya hacia él. Puede negarte incluso el saludo pero no puede impedir que tú le sigas amando. Esa es tu victoria.
  No dejes que nadie debilite con su actitud el carácter que Dios construye en ti. Por ello, haga lo que haga ámale.

Puede odiarte, despreciarte, calumniarte. Pero no puede impedir que le ames en Cristo. Cuando puedes hacerlo así, vences tu vanidad y también le vences a él.

* Hay amores que fagocitan al ser amado. Entonces el amor es un pretexto, cae en el vicio antiguo del paternalismo. Y amando daña al amado: le hace dependiente, le esclaviza, pasa así factura. ¡Qué extraña modalidad de egoísmo! ¡Qué tortuosos caminos!
El amor degenera a veces en secuestro del ser amado. Se salva uno mismo pero a costa de la libertad del otro. ¿No es una terapia demasiado cara?

* Demasiadas relaciones y sentimientos se dan por supuestos y conquistados, sin cuidar de cultivarlos más. Terrible error.

* Estamos en deuda por nuestros dones para con quienes no los tienen.

* La pasión fue asesinada
y en su caída
arrastró consigo a la ternura.

Reconstruir la pasión
edificando día a día ternura,
con la voluntad del *querer*.

* Vulnerabilidad del amor: semilla que siembra gratuidad en quien se deja ganar por ella. De derrota en derrota hasta el triunfo definitivo.

* ¡Qué terriblemente amargo es el sabor de las lágrimas que ponen fin a lo hermoso!
No hay erosión de relaciones ni trampa contra su estabilidad que no pueda superarse con una combinación de más amor, más madurez, más paciencia.

* *A Esteban*
El alma insegura siembra inseguridad en las almas cercanas.
No es buena la dureza para con quien anhela tu aprobación.

* Tu humedad, en la que me sumerjo y me hallo.

* Llenaste una página copiando una y otra vez su nombre.
Siempre sonaba distinto. Siempre amado.

* Te amo.

Sobre fondo
festivo de verde
y rojo.

Sobre fondo
nublado de gris
también.

Más allá
de toda medida.
Siempre.

Mañana como ayer.

* Uno (Esteban) se siente interpelado por todo y a todo responde con vehemencia. Otro (Ismael) respeta e ignora todo lo que no brota de sí. Nunca molesta porque nada le molesta.

Familia es el sumatorio inmediato y cercano de las personas hondamente amadas, con quienes compartes un verdadero *nosotros*.

* Crezco.
Pero siempre, para llegar
donde ya llegaste tú,
amada.

* Reconocer las carencias concretas del otro. Para diluirlas, integrarlas, en el conjunto de su *alma bella*. Toda carencia en las relaciones humanas remite a Dios, a la relación con Dios, origen de toda otra relación.

Condenar las carencias, ajenas o propias, es un modo de denunciar la (en ti) carencia de Dios.

La única respuesta útil y hermosa a cualquier carencia ajena es la ternura.

Cuando ésta se revela insuficiente sólo queda algo por hacer: añadir un poco más de ternura.

* Amor:
encuentro de diferentes.
Para ruina
o para mutua perfección.
Para estallido

o para mutua edificación.
Aprendizaje.

* ¿Y los que se doblan de placer bien a su/con pesar?

* Decir siempre la verdad, sólo la verdad y toda la verdad ...
que el otro puede asumir. El *plus* de verdad que desborda el
vaso del alma sólo añade frustración y tristeza.

* No es lícito ir por la vida dañando a la gente y sorbiendo su
dolor para beneficio propio.
No es lícito ir por la vida usando a las personas como si
fueran piedras sobre las que saltar para cruzar un río. Sobre
todo cuando algunas "piedras" están dispuestas a aceptar
esa función, precisamente por amor.

* La fidelidad de los amigos,
y la fidelidad (aún mayor)
de los enemigos.

* Qué gratuitamente nos aman algunos. Es natural que a
otros, gratuitamente también, nuestra sola presencia les
resulte insoportable.
Has sufrido el desprecio vehemente de algunos. Pero otros
te han concedido un cariño desmedido y entrañable. Nada
podrá jamás robarte tal tesoro.

* Es angustioso y desesperante ver cómo se hunde en las
aguas a quien es víctima de su orgullo, y en su vanidad

desesperada rechaza las manos tendidas, mientras no cesa de reclamar auxilio.

* Jamás un reproche. Cuánto te ama.

* Israel: Simpatía con el pueblo que se sabe condenado a sufrir en cualquier caso, en todo caso.
Ser amigo de Israel, frente al sentimiento tan arraigado en los judíos de carecer de amigos en el mundo y desesperados de tenerlos jamás.

* Presenciar el inicio del *sabbtah* junto al Muro de las Lamentaciones, hace comprensibles algunas cuestiones básicas y de importancia capital: la amistad con Dios en Israel, por ejemplo; la amistad en Dios con Israel, también.
Jesús lloró y sigue llorando hoy por los hombres y mujeres de Israel. ¿Cómo podría sentir de otro modo siendo el mismo por los siglos? ¿Cómo podría dejar de sentir por Su pueblo?
Para entender el escándalo de Israel no es suficiente la razón política, ni aún la razón ética. Es necesario junto/sobre la extraña razón religiosa.

* El mejor espejo del alma son los hijos. más pronto o más tarde, en un perfecto ejemplo del efecto *boomerang*, lanzan a tu rostro el fruto de las semillas que antes puso tu vida frente a sus ojos.

* Prestigiarle. Siempre. Ante todos. Ante él mismo en particular. Tomar su rechazo como incapacidad para la estima propia y responder con renovado aprecio.

* Algunos no sufren jamás *enfrentamientos y problemas* con nadie en sus relaciones, porque no *enfrentan* jamás los aspectos *problemáticos* de su carácter en sus relaciones. ¡Qué paz tan mediocre!

* Cuando rechazas lo poco que el otro te puede dar, rechazas todo lo que tiene. Es una manera miserable de descalificar su condición.
Toma todo lo que te dé, por poco que sea. Te entrega cuánto tiene. No seas cruel.

* La limpia admiración, si es recibida y premiada con favores y complicidades, siembra una intimidad que, regada a su vez con aceptación, desemboca en tragedia.

* ¡Cómo desestabiliza el desamor!
¡Cuánta necesidad de aprobación!
¡Qué carencia de afecto!

* Cara a cara. El camino más corto y preciso entre dos rostros es siempre la mirada recta.

2. VERDAD

* Modesto epitafio para una modesta biografía: *De joven encantador y con futuro, a outsider inquietante y molesto*. Itinerario inevitable al módico precio de expresar en voz alta, la (particular) verdad que se siente.

* Te acusará faltando a la verdad. Aunque lo haga siempre, da a su crítica un giro provechoso asegurándote que sigue faltando a la verdad.

* Muchos mienten pero algunos van más allá y viven en la mentira. Apestan todos pero los segundos, además, resoplan en fango mientras los engullen las arenas movedizas sobre las que ensayan espeluznantes danzas macabras, en anticipo de su propio funeral.

* El úndecimo del débil: sacralizarás las formas.

* No te ofendas por la torcida incomprensión de lo que nunca has dicho.

* ¿Eres diana de su lengua torcida?
Tómalo con humor.
Ríete, sonríe de corazón ...
No lo olvides:
Dios te cuida y vindica.

* No quieras detalles
de lo que te hará el cirujano.

No quieras ver la aguja
con la que te harán sangrar.

Tampoco atiendas en exceso
la crítica que te llueve.

No quieras reparar
en el efecto dañino
de cada dardo contra ti.

El masoquismo
no te hará mejor,
ni más sabio, ni más feliz.

* Un sólo pecado (imperdonable): la falsedad, el rostro bifronte,
la incapacidad para la trasparencia y la buena voluntad.

* ¡Qué terrible error creer que somos lo que sentimos que
somos!

* La mentira siempre se transforma en una losa que opri-
me la vida progresivamente. Es necesario ser valiente y

desembarazarse de ella en cuanto sea posible; para que no nos encadene hasta la asfixia.

* La gente no suele contar mentiras groseras, pero rara vez dice toda la verdad.
Son menos las mentiras que se dicen, que las verdades que se callan. Otro modo de mentir.

* Una ingenuidad bienintencionada sumada a otra ingenuidad similar, pueden producir como suma una maldad mortal.

* Mi palabra la ilumina mi interlocutor. No hay declaración con sentido en el vacío porque si no es respuesta a una pregunta carece de límites, vaga sin definición.
Es natural por tanto, pronunciar juicios opuestos a preguntas semejantes cuando nacen de labios distintos.
Es preciso preguntar no sólo *qué dijo si no a quién lo dijo y en respuesta a qué lo dijo.*

* Dí siempre la verdad, aún seguro que no es suficiente para recibir crédito.

* Porque te repetirán mal, dí las cosas bien. Al menos ante tí mismo, será suficiente.

* Medita y cuida tus palabras, pero más aún tus silencios.

* Nunca respondas a la acusación del *tú has dicho*: aclarar equívocos es un esfuerzo agotador y perfectamente inútil. Encomiéndate tan sólo a la (buena) voluntad del oyente.

Acoger o no las palabras de un tercero siempre es un ejercicio de fe, de mala fe a veces.

* Concluir que las flores más hermosas, las experiencias más ricas, las manifestaciones más admirables, nacen y crecen inevitablemente rodeadas de fango y mal olor. Y nada hará posible disfrutar de lo uno sin que salpique todo lo demás.

* Es posible dudar de la existencia de Dios en algunos momentos; en cambio, de la presencia de Satanás en el mundo no cabe la menor duda.

* Tal es el imperio de la mentira en el mundo, que la verdad se revela en sí misma sobrenatural.

* Negarse a la inseguridad íntima que produce la crítica.

* Libera al otro de tu juicio sobre él.

* Abre sin reservas tu corazón a la crítica. No creas preciso defenderte (excusando o negando) de cada golpe.

* Es imposible vivir con una sensibilidad tan acusada que no deje pasar impune, sin sufrirla, la menor crítica. Aprender a ignorar el venablo, por envenenado que sea. También esto es de Dios.

* No es suficiente ser sincero; ni siquiera basta con tener razón. Los demás también son perfecta y lícitamente libres para

despreciar tu buena voluntad. En este punto del camino comienza la realidad más auténtica de las cosas: cuando los demás se enojan y descalifican tu razón y aún la razón.

¿Ese es el momento oportuno de claudicar, para conservar el tan necesario reconocimiento ajeno?. ¿Será prudente ajustar el paso al compás del público para recibir su cálido amparo?. La verdad es que hace tanto frío afuera.

El frío atemoriza. Pero resulta imposible ceder el privilegio de la convicción aunque sea en soledad; afirmar la voz pese a todo sigue siendo el único camino decente aunque resulte angosto y difícil.

El derecho que te asiste a levantar tu voz asiste también a quienes lo reclaman para despreciar tu palabra y tu gesto.

Ejerce la presencia auténtica pese a todo. Recibe con respeto el desprecio a la presencia sincera. Ahuyenta la miserable autocompasión, la amargura y el rencor.

Como quien entrena o enseña con su "librillo". Libre para hacerlo del único modo que sabes/quieres/puedes hacerlo. Libres los otros para aplaudirlo o rechazarlo.

* Es debilidad buscar el amparo de la sombra que cobija y temer el peso del sol de mediodía.

Es debilidad tener buena opinión y sentirse hermano de quien nos ama y aplaude, porque nos ama y aplaude.

Es debilidad, sobre todo, huir y esconderse de quien ni nos cobija, ni nos aplaude, ni nos aprecia.

Es necesario aprender a amar (más que a otros) a éstos. En el nombre del Dios quien nos sostiene y nos es (El sí) suficiente, con aplausos y sin ellos.

* ¡Qué enfermedad limitante la que resulta de la escucha a los prejuicios y la hermenéutica enfermiza de las palabras y gestos de los otros!

* Que los rivales y enemigos sean estímulo, que reafirmen y activen; no que depriman y debiliten.

* Represalia: la venganza del mediocre, que te niega el aire sino le inciensas siempre aplausos y pleitesías.

* Con algunas personas y a pesar de cualquier esfuerzo, siempre jugamos en campo contrario.

* Miras a lo Alto.
Eres elevado
y el griterío
queda atrás,
se hace lejano.

Desciendes más tarde,
te rodean las voces
pero siguen distantes,
ya no asustan
ni ensordecen.

Puedes sentirlas
apagadas y blandas,
cada vez más dormidas.
Lejanas.
Ajenas.

* Aborda los conflictos de las relaciones humanas con buen humor.
  ¡Qué sabio quien sabe tomar con humor las debilidades de los seres humanos y sus miserias!. También las que se nos aparecen como agresiones directas.
  El humor es resultado de la misericordia. Practiquemos, pues, la misericordia.

* Afirmar la alegría; vencer la amarga tristeza desalentada.

* Recurre al necesario escepticismo cotidiano, bien adobado de buen humor para que no sea amargo.

* La enfermedad del legalista es mortal porque le impide auto-medicarse.

* Paráfrasis libre: vence con el buen (humor), el mal (menor) (Rom.12,21b)

* Niégate a las manías persecutorias: amargarán tu corazón cada día y quizás todo sea un error de apreciación. Si has de equivocarte, que sea por exceso de buena fe, de ingenuidad.

Tal vez te equivoques igualmente, pero salvarás tu ánimo y tu corazón.

* Quien impone la venganza quizás venza al otro, pero quien evita la venganza se vence a sí mismo.

* Acostúmbrate a pedir perdón. A todos. Cada vez más a menudo. Suplica al Cielo el don de poderlo hacer.

* Generosidad. Sobre todas las cosas invita a residir en tu corazón a la gozosa generosidad.

* La soberbia, más que un pecado es una condena.

* Pues sí, muchos reproches contra mí son ciertos. Perdonadme. Yo estoy aprendiendo a hacerlo.

3. SHALOM

* Perder o perder infinitamente más. He aquí una excelente razón para renunciar de buen grado a la exigencia de ciertos derechos legítimos.

* Que tu mirada nunca despierte miedo en tu hijo; que tu mano alzada nunca le encoja por el temor.
Educa sin violencia, Educa sin agredir. Siempre es más fácil la violencia que la pedagogía. Requiere menos tiempo y esfuerzo, pero es perversa.

* De entre todas las violencias, las más vil es la ejercida sobre el niño. ¿Quién puede afirmar no haber participado de ella, con mayor o menor sutileza?
¡Cobarde! No le grites a tu hijo las palabras que no te atreves siquiera a susurrar a un adulto, por cualquier clase de interés mezquino.

* La hondura de la vida manifestada en un instante: arropar a un niño dormido.

* Viviendo delante de Dios, tu defensor, sólo cabe la actitud no-violenta del Siervo Sufriente, ante las circunstancias, los problemas y los enemigos. Si crees necesario recurrir a la violencia a modo de auto-defensa, carece de sentido entonces la fe en Él.

* Cieno alrededor.
  La única esperanza
  está entre tus brazos:
  Esteban, Ismael.
  No cuando crezcan
  y sean mayores
  sino ahora,
  por lo que ahora son:
  ingenuidad, pureza,
  bondad, indefensión.
  Suyo es el triunfo,
  aquí está la victoria,
  pese a todo.

* Hacer el bien, sembrar ternura, no acalla el mal. Aunque sólo parece encontrar eco el exabrupto, la amenaza. No cabe recurrir al bien como mera estrategia. Es menester hacer el bien porque nos sea imposible hacer otra cosa, sin ofendernos a nosotros mismos.
  Y cuando hacemos así porque otra cosa ante Dios no es posible, y cuando en esa obediencia quedamos indefensos ante el mal y ante el malo, entonces es Él quien nos defiende y nos da el triunfo.

Pero lo logra Dios actuando en medio de las cosas, no el bien en sí. De este modo, vivir para el bien es un modo cotidiano de poner a prueba la propia fe.

* Tal vez no puedas evitar que el mal se persone ante ti, sobre otros. Pero cuando menos, tú siembra bien. Aunque sea en lugares distintos, sobre causas distantes. Pero haz presente el bien. Nunca es en vano.

Cree en la santidad frente al pecado; y en compartir la suerte del débil frente a todo escapismo, que es miserable.

* Cualquier cosa, con tal de no herir a tu prójimo. Lanza al enemigo sólo un arma: tu propio dolor. Nunca provoques el suyo.

La dureza se vence con ternura. Si aquella persiste pese a la segunda es porque de ésta aún no se ha ofrecido una medida suficiente. No es cuestión de limitar la ternura sino de multiplicarla todavía más.

* No hieras, no escandalices gratuitamente, no desconfíes. En lugar de toda oscuridad: construye, acaricia, déjate enternecer.

* La doble debilidad de quien pretende afirmar su fuerza asfixiando al débil.

Alimentar complejos, aún en nombre del supuesto bien del otro, envilece al agresor y desangra a la víctima. Mejor sería co-edificar a base de paciencia, cooperación y ánimo.

* Sólo uno puede librar a tu enemigo de su resentimiento; sólo uno puede tender de nuevo puentes entre su ira y tu herida. Ese alguien sólo puedes/debes ser tú mismo.
A esto se le llama perdonar. Otra cosa es venganza, obligarle a convivir con el daño que te causó/a.

* Mira la carencia ajena como verdadero no-poder; salvaros ambos aceptando tú su no-poder, absorbido y vencido por mayor amor de tu parte, amor que todo lo puede.

* Nada tienes que no te haya sido dado; nada sabes que otro no te haya enseñado.

* Saber perder de buen grado. Perder aún la mística del perdedor.

* El miedo produce violencia porque obliga a vivir a la defensiva. Miedo que resulta del desvelamiento de nuestras íntimas debilidades. Sólo cuando la única seguridad se establece en Dios mismo desaparece el temor y con él la agresividad.

* No triunfa la fuerza de la verdad sino la fuerza del amor.

* La única respuesta activa contra el desprecio, la ternura paciente.

* Violencia: desvelar al débil su debilidad; negarle el derecho al sosiego; lanzándole al rostro la fragilidad del suelo que lo funda (Blanche).

*   Aprende a ver todas las cosas negativas, sin llegar al extremo de ver negativas todas las cosas.

    Evita ese punto de tristeza y desolación. Se decididamente positivo, inspirador; anima, ilusiona.

    Acepta las negativas de la vida. Asume lo que no puede cambiar y aprende a gozar de todo lo demás, para que nada te robe la dicha real y presente.

*   *De oídas te había oído; mas ahora mis ojos te ven (Job 42,5)*

    Cuando la basura y la ruindad crecen a tu alrededor y parece que vas a ahogarte en ellas, es tiempo de alzar los ojos para ver, como Moisés, la serpiente que se alza en medio del campamento. Y ser restaurado.

    Después vuelve todo a ser igual, pero ya no del mismo modo. Has dado un paso más para conocer la miseria de/ en las cosas, pero también un paso más en el conocimiento del Dios sustentador.

*   ¿Qué trascendencia puede tener la alergia cuando se desbordan las nubes de polen para multiplicar la vida?

    Desde la ventanilla del autobús, en una Córdoba adormecida por una soleada y brillante tarde de primavera, ... has presenciado el esplendor pleno de la vida, en la seriedad gozosa de un niño absorto en su juego.

*   Siempre corre bajo el suelo siguiendo tus mismos pasos, una corriente fétida de fango y podredumbre.

    De vez en cuando sufrirás la tentación de levantar una alcantarilla para seguir caminando con tus pies hundidos en la suciedad, oscura y pastosa.

Alguien a buen seguro susurrará a tus oídos que debes hacerlo así para vivir en la realidad.

Mentira. ¿Para qué? Permanece arriba, disfrutando del sol y del aire limpio de primavera. Deja la hediondez a las ratas.

* Serenidad, talante reposado. Es la actitud noble por excelencia; que germina en base a cierto orden de costumbres, la renuncia sensata a ciertos anhelos inalcanzables, y el reposo fiado en Dios.

Serenidad y calma. No para invertirlas en mejor gestión, si no para edificar el carácter.

* No contamines de ansiedad la responsabilidad.

* La experiencia cristiana requiere de perspectiva para no caer en el pesimismo. Desde lejos se aprecia una gráfica ascendente y lineal. Acercándonos podemos ver, sin embargo, dientes de sierra que denuncian altibajos. Miramos de cerca para evitar la vanidad; miramos de lejos para no desalentarnos.

* Subvertir el desorden de nuestra civilización negándonos a la prisa. Andar, comer, pensar, hacer, leer, ... todo despacio. Las ideas y las decisiones deben alumbrarse sin prisa: después de dejarlos madurar largamente dentro de uno.

Sé exigente: haz las cosas bien, no te las sacudas con prisa; tómate tiempo, todo el que sea necesario.

* No muchas cosas. Las posibles sólo, para que puedan ser gustadas en profundidad.

* Serenidad. Sobre todas las cosas conserva la serenidad. En los tonos y los modos; aún con más firmeza en el corazón. Serenidad. Pese a todas las urgencias, guárdate en la serenidad del alma.

* No es sabio ni prudente querer saberlo todo, oírlo todo acerca de ti mismo.

No es sabio ni prudente, ocultar la cabeza ante los problemas cuando ya repican en tu puerta como las olas de la marea frente al malecón.

Espera que llamen. Cuando lo hagan abre y atiéndelas sin corazón apocado. Ya lo dice Pablo: "No nos ha dado Dios espíritu de cobardía, sino de poder, de amor y de dominio propio" (2ªTim.1,7)

* Un excelente pulso vital: Oración (voluntad de Dios), reflexión (estudio), acción (obediencia, servicio).

* El camino de la buena y sabia vida: hondura, reposo, silencio, meditación; mirando y edificando bien adentro de uno mismo.

* Una expectativa truncada obliga a rendirse a la evidencia. Entonces hay que saber aceptar la derrota, primero; recomponer el jarrón roto aunque sea evidente su imperfección; y fijar la mirada para rehacer sus elementos todavía bellos. O regañarse con la realidad y asfixiarse en la amargura.

* Acepta que no todo se puede hacer a la vez; acepta algo tan evidente como que cada decisión te aparta de otras y abre unos caminos que te alejan definitivamente de otros.

* No temas al que es más brillante que tú. No cedas a los celos. No caigas en la envidia. Si lo consigues serás más fuerte y no más débil.

* No tanto, no tan deprisa, no tan fuerte.

* Soledad.
Silencio.
Shema.
Sopesar.
Suma prudencia.

* Dios quiere enseñarte a quitar tu corazón de las cosas, para dártelas después.
Dios te dará lo que deseas, pero cuando hayas quitado de allí tu corazón. Para que no sea piedra de tropiezo; para que sólo mires y le ames a Él.

* Lo eterno brota desde adentro y en el silencio.

* Redimir el tiempo no implica estrujarlo; significa darle el mejor provecho. Algo que sólo en Dios puede hacerse; en Su voluntad; sin apresuramiento. La eficacia sólo puede ser entendida cabalmente como eficacia según Él.

*   La cuestión no es cuánto tienes y por cuánto tiempo lo podrás retener, sino cómo darlo, cómo compartirlo mientras lo posees.

    Posees cuanto no deseas.

*   Despójate de todo anhelo de seguridad si quieres ser verdaderamente libre.

    Es preciso saberse pobre, sin posesiones que cuidar, con equipaje modesto, para que ningún lastre impida volar alto.

    Es preciso dejar de mirar con gozo las posesiones, considerarlas como perdidas, para que los esfuerzos por guardarlas no limiten la libertad personal.

    Apuesta por el desprendimiento para que el egoísmo no envenene tu corazón ni cierre tus manos. Aún las posesiones resultan, no de la conquista personal, sino de la benevolencia de Dios. Y Él da, no para acumular, sino para compartir.

    Lo tuyo es de todos porque, en realidad, tampoco es nuestro. Es Suyo, puesto en las manos de uno (no importa quién) para ofrecerlo a todos.

    Desprendimiento en el corazón. Para no limitar con tesoros mediocres un espacio destinado a nutrirse de lo más noble.

*   No competir, sino compartir.

Libro 3
ÉL

1. FÉ

* *... consolación de las Escrituras (Rom.15,4b)*

Estremecedor y gozoso el proceso vital que comienza al desvelarse el amor paternal de Dios, sigue con el aprecio más hondo de la autoridad de Cristo entregado de manos del Padre, continúa con el reconocimiento del soplo poderoso del Espíritu, se prolonga en la percepción casi tangible de la persona y la obra de Satanás, se afirma con la visión del fundamento de la Palabra-espada-del-Espíritu, y de la fe (la fe en la Palabra), se completa con la comprensión de la radical necesidad de negar el reinado del "yo", y se reinicia cuando todo amaga con hacerse en exceso complejo, con la visión liberadora y consoladora de nuevo, del amor paternal e ilimitado de Dios.

Y cuando todo parece cerrado y ordenado, se revela el centro esencial de toda verdad citada: la cruz de Cristo vencedora, y tu propia victoria en identificación con El.

* Enfrenta al padre de la mentira, desenmascara a Satanás: *duda de tus dudas.*

Ora, busca a Dios; búscale con el Espíritu: allí moran las seguridades, donde Satanás no alcanza.

* Calidez del espíritu, frente a la frialdad del entendimiento. Discernir (todo) (sólo) espiritualmente.

* El Mar de Galilea que conmueve a unos que casi creen ver caminar sobre sus aguas a Jesús, ... sirve a otros para practicar esquí acuático. La geografía sólo ofrece datos; su interpretación es tarea bien distinta.

También la historicidad es opaca. Un vuelo rasante del alma sobre la historia no produce nada en primera instancia. Sólo después, con los ojos de la fe, el hecho bruto se hace conmovedor.

Esta es la cuestión, la fe: actualizada por el testimonio interno del Espíritu (su propia razón que la razón no distingue) y sostenida por la objetividad de la Palabra escrita. Si viéramos a Jesús por los caminos de Israel, si participáramos de la vida de los cristianos anónimos en la Roma imperial del siglo I, ... no hallaríamos nada anormal; percibir lo sobrenatural es un ejercicio espiritual y se observa tan sólo con los ojos de la fe.

* *No busques a Cristo en lo alto* ... Triunfo del silbo apacible. Victoria de la fe sobre la historia fría. A Jesús lo hace Cristo el testimonio de la Palabra y mi fe personal. De Su origen divino no habla la espectacularidad, si no un punto de *extrañeza* en Su persona y el sentimiento de incómodo desasosiego que despierta en todos.

Trascendamos la admiración kantiana. Dos cosas me asombran sobremanera: Cristo, hecho hombre, en el centro de la Historia; y Cristo, por el Espíritu, habitando en mi pecho.

* Ser enseñado por el Espíritu (1ªCor. 2). Leer la Biblia con los ojos del Espíritu. Todo lo demás es demasiado poco, cualquier otro modo de acercamiento a la Escritura mantiene incomprensible su centro y esencia viva.

* Religión sobrenatural del Espíritu, y no religión de la mente y de la natural reflexión. Las escamas que cayeron de los ojos de Pablo ¡por el Espíritu!

* Dios y hombre se tocan física y literalmente en Cristo. La historia de la humanidad no es la misma desde entonces. En realidad, la historia de la humanidad apuntaba desde Edén a ese momento.

* Prevenirse de la permanente y sutil tentación del mecanicismo, para experimentar el carisma.

* *Assertatio vs. Delectatio* (Lutero). Conoces las doctrinas correctas; cada vez mejor. Pero cosa distinta es que Dios (sí, El mismo) las haga vivas en ti.
   Puedes poner toda doctrina y concepto en su lugar preciso. pero sólo el soplo del Espíritu las transforma en vida que se derrame sobre ti.
   Puedes hacer reproducciones exactas pero carentes de vida, como las copias de un museo. Hasta que el Espíritu sopla vida en ellas.

* Fe: saltar al vacío. Negarse al mísero plato de lentejas de la seguridad material y al abrumador arrullo de lo ya conocido (incredulidad).

* Vence la ansiedad y la limitación de cualquier sistema, de toda estrategia, por el soplo del Espíritu, con el arriesgado ejercicio de una libertad *naturalmente sobrenatural.*

* Satanás reina sobre todo lo natural; él es dueño de lo humano (1ªJn.4,4). Dios se hace visible sólo en el ámbito sobrenatural; la Palabra que el Espíritu vivifica desvela a Dios y le hace comprensible. Descender a lo natural es perderle de vista; es caer de nuevo en las redes del Maligno. Permanecer en lo sobrenatural (descalzo de toda pretensión, como Moisés ante la zarza) es sustentar la vida, es comunión con Dios.

* Te asustas porque no puedes entender; te espantas porque te parecen absurdas algunas bases de la fe. Te asusta no comprender, que te mente se rebele.
Pero eso es normal. La cuestión es si crees a pesar del escándalo de tu razón. Porque el elemento decisivo es la fe, la acción del Espíritu que obra la fe. Es la gracia de la fe la que convierte el escándalo de la razón en convicción vital. No es la mente, no son los ojos de la carne, no es el relato crudo de la historia, lo que alumbra la verdad. Si buscas en la historia, si recorres con tus pies la geografía, si pudieras contemplar con tus ojos la historia hecha vida, ... por sí mismo, no significaría nada.

Son los ojos del Espíritu los que dan relevancia a los hechos. Las cosas sucedieron, sí; pero muchos que las presenciaron no *vieron* nada significativo. Cristo fue visto ¡y tocado! por multitudes, pero sólo unos pocos *creyeron*.

El fruto del Espíritu es la fe, la obra de la carne es la incredulidad. Que la carne sea crucificada, para que vuele alta la experiencia cristiana en el sólo poder del Espíritu.

* Escudriñar la historia con los ojos de la fe. La encarnación de Dios-hombre se sale de la Historia de puro grande, de puro histórica. Sin la fe, encontrarse con la huella de Jesús en Israel resulta terrible, se atraganta la historicidad; con la fe es impacto gozoso.

Digerir la conmoción de la historicidad para, acto seguido, centrarse en la revelación especial de la Escritura. Sólo ella hace relevante el acontecimiento histórico y lo declara como *historia de la salvación*.

* Qué fácil caer en un viciado desarrollo racional y carnal de la fe. Es preciso recordar cada día que "ya no conocemos a Cristo según la carne" (2ªCor.5,16b). El crecimiento en la fe exige un desarrollo espiritual de la misma, "llevando cautivo todo pensamiento a la obediencia a Cristo" (2ªCor.10,5). Y todo a su vez en sobrenatural equilibrio: "Oraré con el espíritu, pero oraré también con el entendimiento" (1ªCor.14,15).

* Lamento. ¡Tanto en la mente, que sólo desciende gota a gota al corazón!

Inteligibilidad de la fe: ni en la voluntad ni en la razón; sólo en el soplo del Espíritu, el Espíritu de la Palabra.

* La tentación de construir espiritualmente con la voluntad y la razón (que son formas de vanidad y fruto de la carne), sólo produce hojarasca que el fuego desintegra. Tan sólo permanece la obra que resulta del abrazo del padre y la permanencia en el Hijo, por la plenitud del Espíritu.

* No más familiaridad con Dios sino la familiaridad que nace del Espíritu. Pero no la falsa, cambiante y equívoca familiaridad de los sentimientos.
¡Ah, la cruel ansia del sentir! En su lugar, la serena fe en la Palabra y sus declaraciones; y el verdadero sentimiento, obra genuina del Espíritu.

* La acción de la Palabra, por el Espíritu. Una Palabra que, para no ser mera y hueca escolástica, actúa por el Espíritu, que la hace viva y eficaz (Heb.4,12). El Espíritu que, para ser fuego y no destello, actúa por la Palabra, la espada del Espíritu (Ef.6,17b).

* Apenas la Palabra te revela una verdad con mayor luminosidad, corres a los libros para hallar su desarrollo y sistematización. No tengas prisa en hacerlo. Insiste mejor en la Escritura. Da al Espíritu el tiempo necesario para que haga Su obra completa a través de la Palabra. De otro modo perderás Su voz entre la multitud de las demás voces.

* Espíritu:
  háblame de Cristo,
  a través de la Palabra.

* Dios habla en la Escritura. Pero/y la Escritura se hace
  comprensible y poderosa por el Espíritu, que la desvela.
  El Espíritu es el Espíritu de la Palabra; se manifiesta en la
  revelación de la Palabra. Al tiempo, vigoriza la Palabra y
  con Su soplo la hace "viva y eficaz" (Heb.4,12).

* Que toda estructura sea provisional, que permita su auto-
  destrucción cuando el soplo del Espíritu ya no la aliente.

* No es en el estruendo de la calle, ni en la luminosidad aje-
  treada y telefónica del despacho, donde el fondo último y
  más verdadero de las cosas y de Dios se revela, sino en el
  silencio atemporal y recogido del santuario y del templo,
  que edifica el corazón cuando calla y espera.

* Alábale para apartar de tu mente inquietudes y anhelos
  humanos, aún por el Reino y su desarrollo. Que sólo quede
  lugar para El; mírale sólo a El y desecha la carnalidad; que
  la alabanza arrastre como un torrente toda la contamina-
  ción mental.
  Que libre El cada batalla. Porque el esfuerzo humano es
  estéril además de agotador.

* La expectativa de encuentros más hondos con Dios asusta, presentadas como conquistas más exigentes de nuestros

esfuerzos religiosos. Cuando percibimos que no son si no invitaciones amables de la Gracia que Dios mismo hace posible, desaparece el temor cambiado en luz.

* Teme al miedo. Desconfía de la desconfianza en la acción imprevisible de Dios.

  Menos temores, menos prevenciones, menos dependencia de la evaluación de los hombres. No impidas los sobresaltos sujetando cada resquicio que pudiera dar paso a la presencia insospechada de Dios.

* Toda seguridad humana es frágil. Duda de tus recursos. Cualesquiera que sean, no descanses en ellos. Fía sólo en Dios. Mírale a El. Para ver la vida (toda) desde El. Sólo esta mirada ex-céntrica te permite ver todo en autenticidad.

* Dios se hace pequeño por amor a nosotros, pero no permite que le empequeñezcamos para ajustarse a nuestros deseos.

* No quiero lo carnal
  ni me basta lo religioso;
  te necesito a Ti.

  No te quiero
  en mi ministerio
  si no en mi corazón;
  no para ser mejor pastor
  si no por conocerte mejor.

No me importa el balance
mercantil de mi labor
si Tú estás presente
en mi corazón.
Cuando así ocurre,
ni lo que hago es forzado
ni depende de su resultado
Tu aprobación.

* Vuelve a la inocencia, cuando sólo le invocabas por lo dulce
de Su presencia y no para conseguir aprobados de nadie; ni
siquiera los tuyos.

* Precisamente cuando se suman la enfermedad y el dolor
con las calumnias y la incomprensión, cuyo efecto parece
crecer y multiplicarse por momentos, con la ausencia del
soplo cálido de la presencia de Dios; precisamente cuando
la oscuridad crece por segundos y lo oculta todo; precisamente ahora el poder de Dios se hace más evidente en
tu debilidad; precisamente ahora aprendes; precisamente
ahora Dios se sirve de ti; precisamente ahora creces y te
agigantas por dentro.

* Aligera
prisa, agitación,
densa intensidad.

Recupera
sosiego, sencillez,
y anonimato.

Halla tiempo
para conocerte,
para hallarte en Dios.

* Los vacíos, los llena la nada de muerte o los llena Dios de
Su Presencia vivificante. Este es el milagro del Evangelio
de Jesucristo.

* Busca al tierno Padre, al fiel Amigo, no por la urgencia de
las cosas y los ministerios, sino por la belleza misma del
Encuentro.

* Mira hacia adentro.
Guarda silencio.
En el fondo de ti mismo
brilla una luz modesta pero firme.

Allá también habla con voz queda El.
Atiende.
Sólo después vuelve tus ojos alrededor.
Percibirás de nuevo los antiguos gritos,
pero ahora sólo como voces mudas.

* En Su Reino un forastero,
siempre un extraño, de palabras
y esfuerzos vanos
porque todo viene de Su mano.

Espera en El, recréate en Su amor,
observa con asombro gozoso

cómo la naturalidad en El, produce
cuanto no puede tu esfuerzo.

* No basta imitar una pose correcta para que Dios se haga presente. Tampoco basta con reproducir el mensaje de un hombre o participar de la atmósfera de una Iglesia que Dios ha visitado.

No buscamos las experiencias de otros como impulso; buscamos a Dios.

¡Se valiente! ¡Se humilde! Busca la presencia (única) de Dios para ti. Deja de imitar las poses hermosas de otros; son genuinas pero no te pertenecen, nacen de una relación inimitable. Construye tu propia relación, déjale a Dios edificar la vuestra: sólo entre El y tú.

Alégrate del soplo divino en otros pero deja que El mismo escoja en qué modo te obsequia a tí. Sin prisas ni ansiedades; en plena disposición también.

Imitar la experiencia de otros sólo te convierte en simpatizante de sus propias causas, en hermenéuta de sus vivencias privadas.

La tuya. Cultiva tu propia experiencia con Dios.

Renovada, creciente, más profunda y sólida cada día.

Como la relación amorosa de una pareja. Siempre mirando al futuro desconocido; pero esperanzada por las benditas experiencias pasadas. Dependiente sólo (siempre) de Sus propósitos únicos para contigo.

* Respeta, admira, gózate con la experiencia de otros con Dios: manifiestan que es posible una relación personal con

Él. Nada más. Construye tu propia relación. Con los únicos impulsos Suyos; que serán únicos también porque son peculiares y exclusivos de esa relación.

Un padre ama por igual a todos sus hijos; pero mantiene con cada uno de ellos relaciones peculiares y únicas. Descubre y goza la que Dios quiere mantener contigo. Porque es inimitable, no quieras imitar las que otros viven; que tampoco pueden ser mejores ni peores que la que Dios reserva para ti.

* La vida cristiana consiste las más de las veces, en desaprender todos los errores aprendidos. La experiencia de Dios que decimos tener consiste a menudo en una torpe imitación de la experiencia auténtica con Dios de algunos hombres y de algunas Iglesias; o, peor aún, de las tradiciones, fórmulas y expresiones que de ellos se recuerdan. Como una invocación en el vacío. Y así resulta una vivencia esquizoide y un culto hueco.

¡*Sapere aude* ... tu propia experiencia de Dios!

La madurez cristiana a menudo no es otra cosa sino *desaprender* todos los errores y verdades parciales que sobre uno mismo, la vida y sobre Dios los hombres han sembrado en nosotros; hombres que dicen conocernos, conocer la vida y conocer a Dios.

* - Padre, cumplo años pero todavía no he crecido; soy demasiado niño en demasiadas cosas.

- Así debe ser, hijo. En realidad, todavía eres demasiado grande, demasiado mayor, demasiado fuerte. Yo te necesito más débil, aún más niño. No temas.

* La reflexión es tu hablar sobre El, pero no es todavía El haciéndose oir en ti.

Valor del silencio expectante, humilde y atento; callado. No puede ser tan agotadora la tarea de acercarse a El. Más bien al contrario, El anhela tener la ocasión de hacerse oir, si puedes tú callar para escucharle.

2. MINISTERIO

* Para el caído:
animar, no reprender;
restaurar, no destruir.

* Las necesidades íntimas de las personas y sus demandas
de calor y afecto (que no de soluciones), ubican por sí
solas el ministerio pastoral y lo salvan de cualquier tentación funcionarial.

* *A Juan Luis Rodrigo*
Arriesgarse y aventurarse en el nombre de Dios. Pagar el
alto precio del ministerio sin cobrarse a cambio siquiera el
honor del mártir.

* Imposible servir, ministrar, pastorear entre las personas sin
una dosis notable de sentido del humor. Para no sufrir el
mal de la autocompasión.

* Descubres la verdad y te sientes ridículo. Bajo el peso del silencio al que esa verdad te obliga, para no multiplicar el daño.

Callas. Es la carga del silencio la que te mata y agota; quema por dentro mientras contemplas la condición humana con su miseria al descubierto.

Los hombres pacientes y benévolos, lo son de verdad cuando regresan sin amargura de contemplar la mezquindad que se ocultan a los ojos ingenuos.

* Ministerio de la reconciliación. Niégate al juicio entre corazones que absuelve a uno, condena al otro, y causa la muerte de los dos. Ama y ayuda a ambos.

* Dar una solución simple a un problema complejo resulta sólo una simpleza.

* Nos damos a todos pero no les pertenecemos a ninguno; mejor, sólo a Uno.

* Rehuir la responsabilidad es delito de lesa gravedad. Es necesario ir adelante con decisión. Porque todo otro modelo, en especial el que aspira a contentar a todos, sólo puede ser un proyecto mediocre.

* Quien no acepta la fácil tentación del legalismo debe aceptar la dura carga de la incomprensión; que sepa ser entonces coherente con su propia conducta y su conciencia.

* No realizan las tareas los cómites, sino los profetas, los visionarios, los locos.

* El *santo éxito* como autoafirmación, para acallar el escepticismo de otros. La vieja vanidad. La antigua pretensión de hacer de Dios sólo una imagen grotesca que acompañe el propio y particular patetismo.
¿Aceptarás el engaño de Satanás cuando dice que tu ministerio carece de fruto, y sólo quiere decir "... *de fruto a los ojos de los hombres y que éstos puedan aplaudir?"*

* Siempre la vida antes que la palabra; el sudor y la sangre antes que la ortodoxia.

* No seas implacable con el necio: se halla a la espera de la sutil conmoción que la mano de Dios produce en la vida del hombre. Espera tú también. No condenes ni desesperes todavía. Aguarda el milagro. Está más cerca de lo que piensas y es más admirable de lo que imaginas.

* Pastor: notario de tristeza. Cuesta toda una vida aprender que la obra pastoral no se refiere al púlpito, ni al estudio, la gestión eclesial ni la representación en distintos títulos extraeclesiales. La tarea del Pastor se halla en esencia en la comparecencia sincera ante cada rostro sufriente que lo requiere.

* Darnos enteramente a los demás, aunque la medida siempre les parezca insuficiente.

* No permitas que afecten tu honradez y la exigencia para contigo mismo, ni las críticas ni tampoco los halagos.

* Rehusa toda tentación de poder. Que tus hermanos sean libres. Niégate a cautivarlos aunque te lo pidan; es más importante que lleguen a ser maduros y sólo dependientes de Dios. No creciendo a tu imagen sino a la Suya.

* Cualquiera que se sea la intensidad de tu esfuerzo siempre quedará una urgencia más que atender. No pretendas vencer hoy todas las batallas.

* Os doy hora tras hora, día tras día,
(sólo) por amor de Jesús.

No desespero de ninguno de vosotros,
(sólo) por amor de Jesús.

Soporto el agotamiento de mi alma,
(sólo) por amor de Jesús.

Multiplico la paciencia en nuestra relación,
(sólo) por amor de Jesús.

Aquí estoy un día más, ¡y con alegría!
(sólo) por amor de Jesús.

* ¿Servir sin alegría?: pecado.

* Huraño, volvía su rostro crispado a Dios un hombre agotado por el servicio interminable y multiplicado, mucho más extenso que el discurrir de las horas:

- ¿Por qué tanto peso sobre mis hombros? ¿Por qué tanto esfuerzo y sacrificio?

Le respondió una voz que ya había escuchado otras veces; y oyó de nuevo al Padre decirle con la misma claridad y ternura de siempre (si acaso con un punto de humor comprensivo):

- No te enojes conmigo; todo eso no te lo he pedido yo.

* En tiempos de abandonos y deserciones, o se comparte la retirada o se radicaliza el compromiso. *Unilateraliza* la visión: sólo la de Dios.

* De la angustia y la lucha interior se decantan hacia afuera unas pocas gotas, como de sangre, densas y fértiles para otros.

* No parece difícil conquistar hoy el éxito: al parecer es suficiente con no cometer errores de bulto, torpezas exageradas.

* Regresar al muro de lamento
un año más tarde

para descubrir, con asombro,
hasta qué punto viejos motivos
de aflicción dejaron de ser.

Dios se hizo presente;
fueron vencidos
y la tormenta pasó.

Así será también
con los temores presentes.
Paciencia. Todo pasa.
El siempre queda.
Paciencia.

* Horror.
Sumergirte de nuevo
entre pústulas y miseria.

No resistirás
si lo enfrentas sólo
con tu buena voluntad.

Que no te succione
el severo remolino
de la acción.

Atiende Su presencia.
Déjate llevar de Su mano.
Actúa bajo el único impulso de Su amor.

*   *Todos los seres imploran en silencio que se los lea de otro modo.*
    (Simone Weil)

    Quien te necesita de verdad, no te llamará. Sin palabras te invitará a descubrir su clamor, para que le abordes y le acompañes. No basta que estés a su disposición; es preciso que salgas a buscarles en su dolor o morirán sólos.

    Todo ésto es muy extraño, pero es así. En realidad señala la esencia misma del ministerio y apunta también a la necesidad mayor del ministro: recibir discernimiento de Dios ante el lamento humano.

*   Sólo aquella actividad que está en Su voluntad. Sólo aquel fruto que está en Su poder.

    ¿Cómo, entonces, aceptar un ápice de la gloria que sólo le pertenece a Él?

*   ¿Cuántos años de ministerio? ¿Cuántos de ellos según la carne? ¿Cuántos en el Espíritu?

*   La Iglesia, la comunidad de los creyentes, se ve sacudida en ocasiones por la presencia de los "feos" que la visitan con su desnudez y miseria a cuestas; es tiempo de satisfacción. Quiere decir que la Iglesia se aproxima a la imagen que Dios quiere ofrecer de ella al mundo: refugio, comunidad terapéutica.

*   Cuando el milagro espectacular se produzca en la vida restaurada de un nuevo cristiano, ¿la comunidad responderá con lágrimas de alegría o con largos y ruidosos bostezos?

3. KYRIOS CHRISTOS

* De un deísmo piadoso a un teísmo cristocéntrico ilumina-
  do por el Espíritu.
  Visión renovada y poderosamente vital y dinámica del
  amor paternal de Dios (Padre), y de Su señalamiento de
  Jesucristo (Hijo) como fuente de tu participación en la
  divinidad, y de Su acción tangible y poderosa sobre tu
  experiencia (Espíritu).

* El amor de Dios es pura gratuidad. Cuesta ceder a tan dulce potencia que llega de la mano del Supremo Juez. Pero
  esta es la verdad más propia y más renovadora del Evangelio de Jesucristo. Aquí radica su belleza y potencia.

* La tristeza en aquellos ojos tenía muchas causas. La falta de
  credulidad en el amor paternal de Dios no era la menor.
  Disfrutar amor ante El y con El. He aquí el origen de
  donde mana toda realidad vital en la relación humana
  con Dios.

* Dios no tiene el ceño fruncido como lo tienes tú, que dices representarle.

* Demandar al hombre que sea bueno es permanecer en la periferia de la verdad, en los síntomas y no en el origen.
Mejor animar al hombre a intimar con Dios, a dejarse ganar por Su amor; los frutos llegarán como brotan del árbol bien regado.

* Los teólogos te hablan del amor de Dios en términos tan elevados que nunca les comprenderás.
Repara en el hacer cotidiano y discreto de una madre y así todo se iluminará.
De repente, el amor de una mujer iluminó, hizo comprensible el amor de Dios. La madre, como la mujer que comparte fiel el tiempo y el devenir, dieron forma concreta al amor de Dios. Amores que llegan como dones de Su mano para hacerse/te comprender.
De pronto se desvela el amor. Amado. Por aquella cuyo nombre es madre; por aquella que ama y renuncia. Gratuitamente.
El imperio depresor y agónico del deber se desvanece. Y se ilumina el carácter y el amor del Padre. Así de sencillo. Ahora se hace evidente el centro de todo. Sólo es posible una contemplación, una meditación, una predicación: el perfecto amor paternal de Dios; ... una realidad asombrosa y desconcertante para quien sólo conoce el estadio ético y las relaciones de justicia.

* ¡Qué brillante es todo cuando experimentas el amor de Dios! ¡Qué impulso tan poderoso y suficiente!

* El amor cubrirá multitud de defectos.
El amor a/de Dios cubrirá multitud de defectos en tus semejantes.
El amor ardiente a/de Dios cubrirá multitud de defectos en tus semejantes más innobles.
Sólo el amor a/de Dios te permitirá amar día tras día a todos tus semejantes.

* Y cuando mayor era la necesidad, hallaste por fin al Amigo.

* La iluminación del amor de Dios alumbra las heridas viejas del corazón que sólo el amor pueden sanar. Se manifiesta así el temor a ser dañado, que es origen de toda actitud defensiva ante los demás; se hacen evidentes las antiguas razones que dan cuenta de los *ojos tristes*; se desploman las máscaras que defienden el corazón de nuevas heridas y decepciones añadidas por causa del siempre cercano desamor; se restauran las ausencias y heridas del corazón infantil anhelante de comprensión.
La iluminación del amor de Dios ilumina también la dureza en los corazones de otros que igualmente aprendieron y sufrieron el mismo desamor. Todo se hace comprensible: ahí se esconde el origen de tanta agresividad, de tanta respuesta implacable.
Cuánto temor al rechazo, cuánta inseguridad por causa del permanente menosprecio. Cuántas imágenes de reprobación,

desolación y burla. Cuánto esfuerzo por construir una imagen sólida que siempre acaba por venirse abajo entre el descrédito generalizado.

Sólo Dios abraza (y lo hace siempre) al caído como abrazó a aquel ser asustado y débil, falto de aprobación y ternura. Sólo El (y lo hace siempre) restaura.

* Vida, cuando es vivida en respuesta al encuentro que Dios mismo provoca, saliendo ante ti. Vida en la relación dependiente de Dios, pero sobre todo, en relación de amor: déjate amar por Dios.

* El sentimiento más común y a la vez más oculto es un íntimo sentimiento de orfandad; que en última instancia no es sino anhelo del padre Dios.

* Sabes que aún para el más vil de los incrédulos guarda el Padre un lugar junto a Sí, y que al más carnal de los cristianos sólo *minucias* le apartan provisionalmente de Dios.

Pero tú permaneces extramuros, merodeando a hurtadillas en la distancia lejana de Dios. Porque en el fondo del alma crees que no te quiere, que Dios no te puede querer.

Es la más cruel y diabólica de las mentiras. Tú, precisamente tú, eres el amado en quien pensaba el Padre al inspirar la imagen del abrazo al hijo pródigo. La sangre del Cordero fue derramada por ti.

* Intentas merecer el amor de Dios, pretendes de maneras sutiles merecerte el derecho a ser amado por Dios. Pero no

es necesario ningún esfuerzo porque Su abrazo te alcanza y está dispuesto siempre.

* Negar gravedad al pecado deja sin fuerza ni atractivo radical al amor; y la misericordia queda reducida a mera benignidad senil.

  Pecado y expiación. Sin clara conciencia de la gravedad de estas cuestiones la historia de la salvación y la revelación bíblica se hacen incomprensibles y se agota su caracter decisivo.

  La vileza del corazón humano ... *inclinado hacia el mal*. Tu pertenencia a la misma familia. El abismo insalvable que me separa de Dios. La justicia perfecta que ilumina tu culpa. La misericordia, que perdona y limpia.

* Ningún eticismo religioso puede dar cuenta profunda y completa del Evangelio (que lo es de la cruz) de Cristo; ni tampoco del horror por la culpa ante el Dios tres veces santo.

  Santidad de Dios. Gravedad del pecado. La Cruz. Expiación. Evangelio. Arrepentimiento. Fe. Si olvidamos estos elementos la esencia más propia del mensaje cristiano se hace incomprensible.

* ¡Cuánta miseria aún! Es necesario el milagro. El milagro cotidiano de la presencia renovadora de Dios, como un silbo apacible, delicado y magnífico.

* Es fundamental no perder el impulso que nace de Dios para no quedarse meramente en el vestíbulo de lo trascendente.

Que no se detenga el soplo del Espíritu sobre las velas del alma.

* ¡Hay tanto de uno mismo que aún debe crujir entre Sus dedos hasta quedar reducido a polvo, ... antes que pueda realizar Su obra de reconstrucción.!

* *"Cerrados están sus ojos para no ver,*
y su corazón para no entender." (Is.44,18)
La ceguera espiritual no sana con enseñanza sólo; porque no la entiende. Necesita, además, de modelos contrastantes.
La ceguera espiritual no sana con modelos vitales sólo; porque no los ve. Necesita, además, del milagro. La sola enseñanza produce indiferencia; la sola presencia levanta escándalo. Sólo la gracia arraiga en el corazón ciego la enseñanza y el testimonio. Para conversión. Para renovación.

* Donde la gracia de Dios se halla ausente, sólo queda lugar para el mal en su total presencia y dominio.

* No la razón, ni lo natural para lo humano; sólo lo que sea propio de Dios, que es tan distinto, tan otro, tan extraño, tan Suyo, tan cercano, tan bueno.

* Persiguiéndote, para no dejarme alcanzar por Ti.

* El sendero de la fe lo recorre cada hombre en soledad, sin la compañía de ningún otro corazón humano por más cerca que de sí palpite. Es el camino del *caballero de la fe*, mano a mano (sólo) con Dios.

Entrado en semejante laberinto, todo anhelo se concreta en no perder de vista la mirada de Aquel cuyos ojos nos guían.

En cada torbellino desalentador, cuando el fracaso parece elevarse sobre todo y vencer, escucha siempre la misma Voz: *"Te amo y te he llamado; déjame ayudarte."* Cuando la necedad no es tan grande para impedirte escuchar, ese susurro es suficiente.

* *Paisaje con Carlos Díaz al fondo*

Algunos cristianos rechazan los supuestos del humanismo prometéico pero pretenden compartir sus anhelos y transitar sus mismos caminos desde el ámbito religioso. Aspiran a establecer así un puente y un consenso entre el estadio ético y el estadio religioso. Kierkegaard, que nos dió estos conceptos, nos enseñó también que son mutuamente impermeables. Si aceptamos transitar los caminos de la comunión con Dios habrá que hacerlo sin reservas. Dichos caminos resultan a menudo incomprensibles (Isaac) y nos conducen por itinerarios bien distintos a los señalados aún por todos los humanismos religiosos. El *caballero de la fe* no se adscribe a ningún esquema porque sólo es deudor a la *extraña* voluntad de Dios para cada día.

Así las cosas, al hombre de Dios el humanismo prometéico le resulta ajeno, pero no rival como lo perciben algunos humanismos religiosos porque, en última instancia, les disputa mortalmente el mismo lugar bajo el sol (humano)

* Llega el mal en forma de pecado y el sol se apaga oscurecido por una nube pesada. Regresa el frío.

* La revelación obtiene frutos que jamás logra la repetición.

* ¿Alguna referencia obligada? ¿Algún criterio de prevención y control? Sólo uno: la Palabra de Dios en el soplo del Espíritu, oída con honestidad.

* Es terrible el silencio de Dios. Infinitamente más sobrecogedor que su tronar.

* *"No es resignació. Notes la Seua ajuda. Tú sols no podries. He passat aquest temps sostinguda en l'aire."*
Ciertos pensamientos (muerte) y algunas circustancias (difíciles) producen un inevitable terror. Es preciso quitar de todo ello la mirada, alzarla y fijarla en El.
Sólo así pierden su fiereza y son vencidas.
Es preciso salir del círculo miserable en que te pretende asfixiar el pensamiento helador y la experiencia dramática.
Niégate a considerarlo, salvo en la expectativa de Dios.
No vuelvas la espalda a la tragedia, afróntala integrándola en el Dios de amor que la cruz de Jesús revela. Para cobrar aliento.

* Ninguna defensa, ningún aliento ni apoyo, salvo el Suyo.

* Durante los tensos preparativos (vas al hospital) recuerda que también El se está preparando para asistir; estará presente; viene contigo.

* *"... conocerle, y el poder de su resurrección (Filip.3,10)"*
Cada lucha, cada oscuridad, cada temor, cada paso, cada monstruo, ... enfrentados sin sucumbir sólo si sostenido por Ti.

* Los desvelos, tu esfuerzo y anhelos ¿tienen que ver con la gloria de Dios o más bien con tu éxito? ¿responden a los ecos de Su voluntad o sólo a tus pensamientos?, ¿producen los frutos propios del *corazón de Dios*, o sentimientos y actitudes que nacen de la carne?

* En medio de la oración un día se abre camino la luz e ilumina el final del clamor. Dios ha dicho: *"Está bien, lo haré"*. Otras veces dice: *"Bástate mi gracia"*. El aguijón sigue hiriendo pero ya no cabe otra oración que: *"Hágase Tu voluntad"*.

* - Tengo miedo. A menudo, mucho miedo.
  - Pero, hijo mío ¿Te he fallado alguna vez? No temas. No te dejaré ni te desampararé.

* La cuestión más profunda no es *"¿cómo van las cosas?"*, sino *"¿cuánto hay de Dios en ellas?"*

* *Y nosotros hemos creído y conocemos que tú eres el Cristo, el Hijo del Dios viviente." (Jn.6,68-69)*
  Cristianismo cristocéntrico: reiteración ... ma non troppo. Si miras al Padre bueno El te remite al Hijo, a Quien ha hecho Señor y Cristo; de tu vida y de Su Iglesia.
  Interpelas al Padre pero El calla; ahora habla el Hijo. Todo lo que pueda decir el Padre lo pronuncian hoy los labios del Hijo, y lo hace audible el Espíritu.

* ¡Qué bella circularidad! El Hijo nos ha dado a conocer al Padre (del hijo pródigo). Y el Padre nos remite al Hijo

que, participando de Su misma naturaleza, palpita en Su corazón de idéntico amor por ti. Al tiempo, el Espíritu lo hace todo cercano y tangible.

* Plenitud en Cristo (1ª Cor. 1,30). Aplicada por el Espíritu (Lc. 11,13). Apropiada por la fe (Rom. 3,22)

* La filiación ante el Padre;
  el sometimiento al Hijo;
  la participación en el Espíritu.

* Fe trinitaria:
  Descubrir al Padre,
  reconocer el lugar del Hijo,
  participar del poder del Espíritu.

* Cristo es la respuesta de Dios para toda necesidad humana.

* Ampárate en Cristo:
  Palabra de Dios,
  respuesta perfecta.

* Dios, vago e incomprensible,
  sino es desvelado en Cristo.

* *Era necesario que resucitase de los muertos (Jn.20,9)*
  Para que reine la esperanza, la alegría. Para que venza la luz sobre toda sombra.

*   ¡Cuán a menudo creemos poseer a Cristo dentro de nuestro puño! ... para comprobar, cuando abrimos la mano poco a poco, que sólo hemos aprisionado el viento.
    Cristo nunca se deja atrapar. No puedes abarcarle jamás. El te rodea a ti. El es el único Señor.

*   He aquí la gran tarea, el gran don, el supremo milagro: negar el yo, vaciarse de uno mismo para que sólo en uno habite Cristo. Porque la vida, siendo propia, le es a uno del todo ajena. Pertenece a Cristo. El la ocupa.
    Es el misterio de la muerte propia que germina en vida resucitada, abundante y valiosa como perla de gran precio.

*   El Espíritu de Jesús palpita más allá de la humana pretensión de mil templos, y la carnal suficiencia de Israel, que quiere construir con sus propias manos una era mesiánica, sin Mesías.

*   El ego se revela cada día más arraigado, más rotundo, m rebelde a toda insinuación de pérdida de protagonismo.
    De ahí también la mezcla de altivez y temor que inspira la llamada de Cristo para negar el "yo". Porque no es una renuncia a los malos frutos del yo, a sus elementos groseros, sino a su misma condición, a toda su naturaleza.
    Para que sólo Cristo tome dirección y protagonismo en una vida nueva.

*   *"... el que teme, no ha sido perfeccionado en el amor."*
    (1ªJn.4,18)

Este es el problema: no crees tanto en el amor de Dios como para fiarte de El y entregar tu vida en Sus manos. Nada te es más querido que prever tu vida; ¿abandonarla/te en El y no saber qué resultará?, ¿sin poder anticipar nada sobre el mañana?, ¿sin control alguno del presente y aún menos del futuro?

* Es cuestión de fe. Es cuestión de amor.

* Muchas veces, casi desde la niñez, se ha revelado con claridad la esencia misma de todo lo que estaba en juego.
No era una simple cuestión de obediencia; en el fondo se disputaba el control sobre la vida. "*Cuidado* -advertía aquella voz recelosa- *si das un paso más, todo se pondrá a rodar sin retorno posible; perderás las riendas y no sabrás nunca hasta donde El te podrá llevar.*"
Aquella voz se impuso siempre. Era perceptible su susurro. Nunca se hacía evidente el paso atrás que el alma daba ante Dios pero quitaba el pie del estribo y quedaba, una vez más, en tierra. Demasiadas expectativas propias; demasiada ignorancia; demasiado orgullo oculto.
Hasta aquí. Sea así, *que habite Cristo por la fe en vuestros corazones*, (Ef.3,17); *ya no vivo yo, mas vive Cristo en mí*; (Gál.2,20). Aquel hombre viejo, sus frutos carnales, pero también su corazón, su esencia misma, todo él, abandonado. Para que Cristo lo ocupe todo. Lleno de El, por Su Espíritu. Sin explicaciones previas, ni presentación de itinerarios o programas de futuro. Y agradecido por que pueda ser así y que El lo acepte.

* Como una cápsula espacial se desprende del resto del cuerpo ya inútil, y emprende un viaje radicalmente arriesgado. Con la docilidad temblorosa de quien desciende los escalones del bautisterio, para sumergirse en el agua.

Con la solemnidad y la sencillez de un prometido. Para siempre. *"Sí quiero, Cristo."*

Madrid, 23 Julio 1.998